LES

JOCRISSES DE L'AMOUR

COMÉDIE

Représentée pour la première fois à Paris, sur le théâtre du Palais-Royal,
le 31 janvier 1865.

Imp. L. Toinon et Cie, à Saint-Germain.

LES

JOCRISSES DE L'AMOUR

COMÉDIE EN TROIS ACTES

PAR

THÉODORE BARRIÈRE ET LAMBERT-THIBOUST

PARIS
MICHEL LÉVY FRÈRES, LIBRAIRES ÉDITEURS
RUE VIVIENNE, 2 BIS, ET BOULEVARD DES ITALIENS, 15
A LA LIBRAIRIE NOUVELLE
1865

PERSONNAGES

CÉSAR MOULINIER.	MM. GEOFFROY.
ACHILLE BOUVENOT, son ami.	LHÉRITIER.
ARMAND GOULU, neveu de Moulinier. .	GIL PÉREZ
THÉOPHILE GOULU. . . . id.	PRISTON.
MAROCAIN, chasseur.	HYACINTHE.
ATHALIE, femme de Bouvenot.	Mmes THIERRET.
LÉONTINE CROCHARD.	PAURELLE.
BLANCHETTE COPIN, sa femme de chambre	FERRARIS.
MARTHE, fille de Bouvenot.	L. MASSIN.
EMMELINE. . . . id.	DAMAIN.
VICTOIRE, domestique de Moulinier. . .	BRETON.
LE PÈRE ÉLOI, marinier.	MM RÉMY.
M. OSCAR, employé de chez Godillot	KALEKAIRE.
UN COMMISSIONNAIRE.	BACHELARD.

LES

JOCRISSES DE L'AMOUR

ACTE PREMIER

CHEZ MOULINIER, A NEUILLY

Une jolie salle à manger ouvrant au fond sur un jardin qui descend à la rivière. — Portes latérales au troisième plan. — Une table au milieu du théâtre.

SCÈNE PREMIÈRE

VICTOIRE, seule, puis M. OSCAR.

(Au lever du rideau, Victoire est assise auprès d'un petit guéridon et en train de fourbir une pièce d'argenterie pareille à celles qui se trouvent sur le buffet-étagère.)

VICTOIRE, frottant à tour de bras.

Et je te frotte! et je te frotte! Quel métier ces bourgeois vous font faire! Ah! si pouvais donc trouver une place chez une cocotte à la mode! En voilà des conditions! des profits et rien à faire qu'à mentir à la journée et à cacher des jobards dans les armoires.

M. OSCAR, entrant.

Trente-deux mètres.

VICTOIRE; elle reprend sa besogne, puis s'arrête tout à coup en entendant venir.

Ah! encore l'homme de ce matin? Il m'a fait peur, j'ai cru que c'était mon monsieur. (M. Oscar est descendu, tenue propre, mais plus que modeste.)

M. OSCAR.

M. Moulinier n'est pas encore rentré?

VICTOIRE, avec ironie.

Rentré! Ah! bien oui! Il lui faut le temps de faire son marché, car M. Moulinier fait son marché lui-même! quel malheur!... un célibataire... sans enfants! ce matin, devant six heures, il est parti pour Paris avec le père Éloi, le pêcheur près le pont de Neuilly!... Sur le coup de dix heures et demie, ils vont revenir chargés comme deux baudets qu'ils sont; et sur le déjeuner qu'il donne ce matin mon grigou de bourgeois aura gagné, je parie, sa pièce de douze à quinze francs, qu'il me vole tout simplement!

MOULINIER, dans la coulisse.

Mais, nom d'un pantin!

VICTOIRE.

Ah! tenez le voilà! (Elle reporte la pièce de plaqué sur le buffet.)

MOULINIER, paraissant, suivi du père Éloi.

Père Éloi! il lui manque une patte! Vous avez perdu une patte du homard! si elle ne se retrouve pas, il faudra lui en faire une autre en cire à cacheter.

SCÈNE II

LES MÊMES, MOULINIER et LE PÈRE ÉLOI.

Moulinier tient un melon sous son bras, un panier de fraises sous l'autre et un pâté au bout d'une ficelle. Le père Eloi est encore plus chargé que lui, et tient un homard à la main.

MOULINIER.

Victoire, venez donc me débarrasser!... (Il lui met sur les bras ce qu'il avait sur les siens — Eloi s'en va avec Victoire. Soufflant.) Ouf! nom d'un pantin, qu'il fait chaud! (Apercevant M. Oscar.) Tiens, c'est vous! M. Oscar, n'est-ce pas? de la maison Godillot?

M. OSCAR.

Oui, monsieur, je suis venu plusieurs fois déjà depuis ce matin, et...

MOULININER.

Ah! c'est fâcheux... mais que voulez-vous?... Je traite aujourd'hui et il m'a fallu... Vous veniez pour ma petite affaire? nous allons en causer... mais d'abord, asseyez-vous, mettez-vous à votre aise ici.

M. OSCAR.

Vous êtes bien honnête, monsieur.

MOULINIER.

Oh! moi, je ne suis pas de ces gens qui se laissent griser par le bonheur Je suis toujours le même qu'autrefois, poli et bienveillant même avec les subalternes. Un homme vaut un homme, je ne connais que ça. Parce qu'on a quarante mille livres de rentes, ce n'est pas une raison pour humilier le pauvre monde... On ne sait pas ce qu'on peut devenir. *La Ruche* Tarpéïenne est près du Capitole... asseyez-vous! Ah! vous vous êtes assis... très-bien! vous avez bien fait! Avez-vous soif?

M. OSCAR.

Mais, monsieur...

MOULINIER.

Si vous avez soif, dites-le... allons! vous allez prendre un verre de quarante-six. J'ai justement là une bouteille entamée qui serait peut-être perdue... Tenez, nom d'un pantin, nous trinquerons ensemble... un homme vaut un homme... (Il a été chercher une bouteille et deux verres sur le buffet, et les a apportés sur le guéridon. — Avec bonhomie.) Vous voyez, malgré mes quarante mille livres de rentes... je me sers moi-même à l'occasion. (Il a versé.) Tenez... goûtez-moi ça... mâchez... mâchez bien... (Il fait claquer sa langue.) Ah! ah!

mon gaillard, vous n'en buvez pas de comme ça tous les jours, hein?... (Dégustant son vin. Versant de nouveau.) Allons! bah! pendant que vous y êtes?...

M. OSCAR, refusant.

Pardon, monsieur, je suis un peu pressé, et si vous voulez bien?

MOULINIER.

Ah! oui, c'est juste... Il s'agit d'une fête que je veux donner à l'occasion du double mariage de mes neveux, les fils de ma défunte sœur... Je vous dirai mes idées... car je suis un peu de la partie! (Avec orgueil.) C'est moi, monsieur, si vous le voulez bien, qui l'un des premiers ai créé les cafés-concerts aux Champs-Élysées. . c'était le bon temps alors... mais, depuis que le *Renouvelez messieurs, renouvelez*, a été supprimé par les édiles... le métier est perdu!...

M. OSCAR, avec impatience, voulant se lever.

Pardon, monsieur, mais...

MOULINIER, le faisant rasseoir.

Non, restez là, ça m'est plus commode... Voilà... je voudrais faire établir une grande tente de plain-pied avec la maison et qui irait jusqu'à la rivière... avec des draperies et des luminaires jusqu'au bout... vous comprenez...

M. OSCAR, tirant un carnet pour prendre des notes.

Parfaitement... en venant, j'ai mesuré le jardin, et je vois ce qu'il vous faut... une tente de vingt-quatre mètres de long, sur sept mètres de large, avec plancher sur lambourdes, rideaux en coutil et bandeaux idem... Plafond blanc... tapis imprimé.

MOULINIER.

Bon!

M. OSCAR.

Et couverture en toile imperméable.

MOULINIER.

Justement.

M. OSCAR.

Puis il vous faudra une table de dix-huit mètres environ sur tréteaux.

MOULINIER.

Oui!

M. OSCAR.

Six candélabres à dix lumières avec les bobèches... (Écrivant toujours.) En tout cinq cent cinquante francs environ, avec les quatre-vingts chaises cannées.

MOULINIER.

Parfait! c'est entendu comme ça.

M. OSCAR.

Et... quand devrons-nous commencer l'installation?

MOULINIER.

Comment?

M. OSCAR.

Quand doivent avoir lieu les mariages?

MOULINIER.

Quand?... ah! si vous pouviez me le dire, vous me rendriez un fier service...

M. OSCAR.

Ce n'est donc pas prochain?...

MOULINIER.

Prochain? mais les jeunes gens se voient aujourd'hui pour la première fois... Prochains! les mariages de mes neveux?... Mais... c'est-à-dire que du caractère que je les sais.., je parierais mille francs contre cent sous que ces mariages-là ne se feront jamais.

M. OSCAR.

Hein?

MOULINIER.

Je peux me tromper... je le désire même, je ne vous le cacherai pas. Eh bien! si je me suis trompé, tant mieux... et dans ce cas... je vous préviendrai.

M. OSCAR, serrant ses papiers et avec colère.

Ah! c'est trop fort!

MOULINIER.

Qu'est-ce qui vous prend donc?

M. OSCAR.

C'est-à-dire qu'il n'est pas permis de se moquer ainsi du monde!

MOULINIER.

Je me suis moqué de vous, moi? Est-ce que je vous ai mal reçu?... Voyons, vous ai-je mal reçu?

M. OSCAR.

Eh! monsieur, il ne s'agit pas de ça!

MOULINIER.

Mais pardon! mais pardon! j'ai été très-poli avec vous.. je vous ai fait asseoir à ma table, je vous ai fait boire de mon vin de quarante-six... Qu'est-ce que vous voulez de plus?

M. OSCAR, furieux.

Monsieur Moulinier... (Lui tendant un papier.) Lisez cela, je vous prie...

MOULINIER, lisant.

« Décoration pour la France et l'étranger. » Eh bien! pourquoi me montrez-vous ça?...

M. OSCAR.

Pour vous prouver, monsieur, que nous ne travaillons pas pour les maisons de fous. (Il sort vivement.)

SCÈNE III

MOULINIER, VICTOIRE.

MOULINIER, qui ne comprend pas d'abord.

Qu'est-ce qu'il veut donc dire? (Frappé.) Ah! mais c'est une allusion! une allusion offensante! (Courant au fond.) Monsieur, vous êtes un impertinent! (Marchant avec agitation.) Une maison de fous! Je me plaindrai aux tribunaux! (Criant.) Je ferai un procès à votre administration! entendez-vous! (Redescendant.) Quelle scène! me voilà nerveux pour toute la journée... Ah! mon Dieu! et mon ami Bouvenot qui... (Appelant.) Victoire!... Bouvenot qui va arriver! C'est que je l'avais oublié, ma parole d'honneur! (Appelant.) Victoire!

VICTOIRE, entrant.

Me v'là, monsieur!

MOULINIER.

Pressez le déjeuner... on se mettra à table à midi sonnant... à midi sonnant, vous entendez! (Fausse sortie de Victoire.) A propos, vous aurez la bonté de sonner la cloche; si j'ai fait poser une cloche, ce n'est pas pour des prunes, comme vous semblez le croire... deux volées, à dix minutes d'intervalle, comme à l'hôtel espagnol du boulevard Montmartre... Ça ennuie les voisins, mais ça fait bien dans le paysage... allez!

VICTOIRE.

Oui, monsieur... (A part.) En v'là des embarras! Et ça fait son marché soi-même! (Arrivée au fond.) Ah!

MOULINIER.

Qu'est-ce qu'il y a?

VICTOIRE, regardant au dehors.

M. Armand Goulu!

MOULINIER.

Un de mes neveux! Enfin! et l'autre?

VICTOIRE.

M. Théophile? celui qui se tue deux fois par jour pour les petites dames...

MOULINIER, avec humeur.

On ne vous demande pas ça!

VICTOIRE.

Ah bien! il n'y est pas!... Ah! si, le voilà là-bas au bord de l'eau; il sonde la rivière avec une perche... dites donc, monsieur, il veut peut-être se noyer...

MOULINIER.

C'est bien, allez! et soignez la sauce du homard! vous m'ennuyez, allez-vous-en.

VICTOIRE.

Oui, monsieur! Mais dame, vous savez?... (Avec intention.) La sauce d'un homard qu'on n'a pas acheté soi-même, ça se manque presque toujours.

MOULINIER.

Qu'est-ce qu'elle me chante?

VICTOIRE.

C'est comme ça... (A part.) O ma cocotte! (Elle sort par la droite. — Armand arrive par le fond.)

SCÈNE IV

MOULINIER, ARMAND GOULU, pâle, défait et l'air inspiré.

ARMAND, entrant précipitamment.

Ah! c'est vous, mon oncle, vous m'avez écrit! j'accours, me voici; mais parlez, parlez vite; chaque minute qui s'écoule est un vol fait à mon amour, à mon bonheur!

MOULINIER.

C'est de ton bonheur justement qu'il s'agit, je te dirai d'abord...

ARMAND, tirant sa montre

Vous allez bien, mon oncle? je n'ai que dix minutes à vous donner.

MOULINIER.

Comment! comment! dix minutes?

ARMAND.

Le temps de laisser souffler Bitter, et je repars.

MOULINIER.

Te moques-tu de moi?

ARMAND, allant çà et là.

Noble animal! Il semblait comprendre mon impatience; en venant, il dévorait l'espace. Il volera tout à l'heure pour me reporter vers elle, verselle que je n'ai pas vue depuis vingt-quatre heures.

MOULINIER.

Je te prierai de laisser de côté tes sornettes... il s'agit d'une chose grave... car, vois-tu bien, le mariage...

ARMAND, ouvrant un médaillon qu'il porte à sa chaine de montre.

N'est-ce pas qu'elle est belle? (Tirant un papier de sa poche.) C'est une boucle de ses cheveux... je la lui ai coupée un jour dans l'une de nos rêveries amoureuses.

MOULINIER, sautant.

Veux-tu bien te taire?... si mon ami Bouvenot...

ARMAND, tirant un bouquet.

Ce bouquet a paré son sein. (Amenant un soulier.) Cette petite pantoufle!...

MOULINIER, furieux.

Veux-tu cacher ces guenilles-là, bien vite... c'est trop fort! quand je le fais venir pour le présenter à...

SCÈNE V

LES MÊMES, THÉOPHILE. Il tient une longue perche à la main.

THÉOPHILE, entrant.

Il y en a huit pieds ! ça peut suffire !

ARMAND.

L'heure fuit rapide ! adieu, mon oncle !

MOULINIER, l'arrêtant.

Je te défends de bouger.

THÉOPHILE, lui prenant la main.

Mon oncle, vous n'avez pas vu passer Odette sur l'eau, hier, avec des canotiers ?

MOULINIER.

Allons ! à l'autre !

THÉOPHILE.

Maintenant, elle me trompe pour des canotiers... L'hiver dernier, c'était pour des débardeurs... (Amèrement.) Elle a des amours des quatre saisons.

MOULINIER, lui mettant la main sur la bouche.

Silence, sacripant ! (Clouant sur sa chaise Armand qui veut lui échapper.) Mais tiens-toi donc, toi, convulsionnaire.

ARMAND.

Mais vous ne voyez donc pas que mon sang bout et que j'ai la tête en feu !

THÉOPHILE.

O Odette !

MOULINIER, se fâchant.

Est-ce que ça ne va pas finir ? Et me prenez-vous pour un oncle du Palais-Royal ?... (Mouvement des jeunes gens.) Ne m'interrompez pas ; mon ami Bouvenot vient ici ce matin, sous prétexte de déjeuner, mais en réalité pour vous ménager une entrevue... deux filles charmantes... soixante mille francs de dot, des espérances et des talents de société... M. Guérinet, le notaire, viendra à cinq heures nous lire un projet de contrat. L'aînée déchiffre du Wagner à première vue ; la seconde fait le portrait du général Lassalle, de mémoire... Vous aller manger du homard ensemble... Les deux noces se feront dans le jardin... il y aura des lanternes de couleur, un feu d'artifice, un jet d'eau au milieu de la table et... je vous déshérite si vous ne les épousez pas...

ARMAND, *se levant tout à coup.*

Moi ?... me marier ! moi briser la vie de Léontine !

THÉOPHILE, *de même.*

Lâcher le caïman !

MOULINIER.

Le caïman ?

THÉOPHILE.

Oui, Odette... on l'a surnommée le caïman parce que la mâchoire avance un peu.

MOULINIER.

Qu'est-ce que j'entends-là ? c'est pour une Léontine... c'est pour un caïman, que...

THÉOPHILE.

Je le sais bien, elle est volage, mais qu'est-ce que vous voulez ?... ça me monte !

MOULINIER.

Mais c'est abominable.

THÉOPHILE.

Si elle ne m'avait pas trompé, je ne me serais peut-être pas abîmé comme ça... Tenez !

MOULINIER.

Cache ça !

THÉOPHILE, retirant une manche de son habit.

Voilà d'abord un coup de yatagan...

MOULINIER.

Veux-tu cacher ça !... Oh ! je suis en nage. (Onze heures sonnent à la pendule.)

ARMAND.

Onze heures ! elle va s'éveiller, et je ne serai pas là... mon Dieu ! si dans son dépit elle songeait à se venger !... Si elle allait me tromper !

MOULINIER, raillant.

Avec ça qu'elle s'en prive, n'est-ce pas ?

ARMAND.

Elle ! Ah ! comme vous la connaissez peu, ma Léontine ! quelle vie que la sienne ! elle m'a conté son histoire.,. ah ! elle a bien souffert !

MOULINIER, haussant les épaules.

Ah ! mon Dieu !

ARMAND.

Elle avait été abandonnée dès l'âge le plus tendre, dans une allée obscure de la rue de l'Homme-Armé ! (Mouvement de Moulinier.) Elle m'a dit le numéro... ainsi...

MOULINIER, à lui-même.

Mais c'est à empailler, des gens comme ça.

ARMAND, s'attendrissant.

D'honnêtes artisans la recueillirent.

MOULINIER, de même.

Va ! va !

THÉOPHILE.

J'ai encore voulu mourir une fois.

ARMAND.

Mais un jour la misère arriva.

MOULINIER.

Avec son hideux cortége !

THÉOPHILE.

C'est un jour que j'avais trouvé ça sur son lit. (Il montre un éperon démesuré.)

ARMAND.

Un soir... soir fatal ! Léontine avait seize ans, alors...

MOULINIER.

Un banquier passait, par hasard...

THÉOPHILE, qui contemple son éperon.

Non !... c'était un jockey... des courses du printemps.

ARMAND.

Alors, la pauvre enfant... en mesurant l'abime. . le vertige la saisit, et elle ferma les yeux...

MOULINIER.

Elle a fermé les yeux... tu en es bien sûr ?

ARMAND.

Oui, mon oncle...

MOULINIER, au public.

Non, je vous en prie, laissez-moi aller chercher l'empailleur...

THÉOPHILE.

Vous avez beau dire, mon oncle... l'amour, voyez-vous, il n'y a encore que ça !

MOULINIER

L'amour, oui !... mais, malheureux ! l'amour pour une femme honnête.

THÉOPHILE.

Les femmes honnêtes ! laissez-moi donc ! ça ne sait pas s'habiller...

MOULINIER, avec indignation.

Et voilà mes neveux !

ARMAND, assis devant la table et se disposant à écrire.

Un mot à Léontine !

MOULINIER.

Voilà ce que sont devenus les enfants de ma sœur et de Martin Goulu, marchand de vins en gros, aux Caves du Médoc, à Bercy, sur le quai à gauche en quittant l'omnibus ! (A Armand qui se dispose à sonner.) Qu'est-ce que tu fais là ?

ARMAND.

Je lui envoie mon âme avec un baiser.

MOULINIER, lui arrachant la lettre.

Ton âme sur du papier à mon chiffre ? veux-tu bien !...

ARMAND.

Mon oncle, vous serez cause d'un malheur !

MOULINIER.

Mais, Jocrisse que tu es... ta Léontine se moque de toi !

ARMAND, calme.

Mon oncle, je sais qu'elle m'aime... et qu'elle n'aime que moi.

MOULINIER.

Eh bien, et son Russe ! car elle a un Russe, je ne l'ai pas rêvé peut-être !

ARMAND, souriant.

Non, non, sans doute, mais ce Péteroff, ce riche boyard dont elle a accepté quelques légers souvenirs

MOULINIER.

Entre autres, un huit ressorts...

ARMAND.

C'est un père pour elle !

MOULINIER, stupéfait.

Hein ?

THÉOPHILE.

On vous dit que c'est un père.

ARMAND.

Il ne lui est rien, il ne lui a jamais rien été... elle me l'a juré. A la suite d'un terrible hiver passé dans le Caucase...

MOULINIER, lui sautant à la gorge.

Tiens ! je vas t'étrangler !... tu es trop bête !

ARMAND.

Oh !

THÉOPHILE, tirant son oncle.

Mon oncle ! mon oncle !

MOULINIER.

Je t'étranglerai après...

SCÈNE VI

LES MÊMES, VICTOIRE

VICTOIRE, accourant.

Monsieur ! monsieur ! (A part.) Tiens ! monsieur, qui étrangle son petit !

MOULINIER, qui a lâché Armand.

Ils me rendront fou ! (A Victoire.) Qu'est-ce que vous voulez ?

VICTOIRE.

Mais, monsieur, je venais vous annoncer l'arrivée de toute votre bande...

MOULINIER.

La famille Bouvenot ! (A Armand.) Arrange ta cravate !

VICTOIRE.

Ils sont là-bas, au pont de Neuilly, qui descendent de la voiture du Jardin d'acclimatation.

MOULINIER.

Ils n'auront pas trouvé de coupé !...

VICTOIRE.

Et il paraît qu'il n'y avait que deux places dans l'intérieur, car votre monsieur et sa dame étaient perchés sur l'impériale.

THÉOPHILE.

Une belle-mère qui montre ses jambes sur les impériales !... j'en veux pas !

ARMAND.

Mon oncle, adieu !

MOULINIER, aux cent coups.

Mes enfants... mes chers neveux... je vous en supplie ! vous partirez après déjeuner ; qu'il ne soit pas dit que j'aurai fait de la dépense pour rien !... Ils doivent être brisés !... Victoire ! vous presserez le déjeuner... Soyez gentils avec les Bouvenot ; il y en a une blonde et une brune... faites cela pour votre oncle !... Il faut faire une fin... soyez galants... empressés ; et surtout toi, Armand, ne mets pas ton soulier sur la table... et toi, Théophile, ne mange pas comme d'habitude dans l'assiette de ton voisin.

THÉOPHILE.

C'est un déjeuner de cérémonie, alors ?

ARMAND, marchant à grands pas.

O ma Léontine! Que fais-tu à cette heure?

MOULINIER.

Elle te le dira, puisqu'elle te dit tout... mais, je t'en supplie... calme-toi! que penserait la famille Bouvenot si tu marchais comme ça pendant le déjeuner!

VICTOIRE, au dehors.

Par ici, monsieur... par ici, mesdames...

MOULINIER, attendri.

Les voilà! voilà celles qui seront peut-être un jour les gardiennes de votre foyer! De la tenue! de la tenue! je vous en conjure!

SCÈNE VII

LES MÊMES, BOUVENOT, MADAME BOUVENOT, MARTHE et EMMELINE.

(Bouvenot paraît le premier, flanqué de ses deux filles, dont l'une porte un carton à dessin et l'autre une volumineuse méthode de piano.)

BOUVENOT, sur le seuil en apercevant Moulinier.

Eh! le voilà!

MOULINIER.

Ce cher Bouvenot! (Ils vont s'élancer l'un vers l'autre, mais la porte étant trop étroite, les deux jeunes filles sont arrêtées par le chambranle ; Bouvenot les lâche et entre. Mais Marthe et Emmeline se cramponnent après leur mère qui suivait Bouvenot, et le même incident se reproduit.)

MADAME BOUVENOT.

Mais lâchez-moi donc, petites! (Elle entre seule. Les deux jeunes filles se serrent alors l'une contre l'autre. On se salue.)

MOULINIER.

Chère madame... chères demoiselles! (Il pousse ses neveux qui ne sont pas du tout à la situation.)

ARMAND, à part.

Mon dieu! qu'ai-je donc fait des cheveux de Léontine? (Il se fouille.)

BOUVENOT, à Moulinier en montrant les bagages de ses filles.

Tu nous vois bien chargés; c'est une idée à madame Bouvenot; elle a tenu à ce que ses filles te donnassent un léger échantillon de leurs talents naissants... Emmeline te montrera un Romulus dont elle a déjà ombré le casque, et Marthe te fera entendre quelques exercices.

MOULINIER.

Nous serons ravis, mes neveux et moi.

THÉOPHILE, à part.

Merci! j'ai assez faim comme ça; je n'ai pas besoin d'exercice. (Il aperçoit une grande lorgnette sur la cheminée; pendant ce qui suit, Armand cherche ses cheveux partout, Théophile lorgne de tous côtés à la fenêtre.)

MOULINIER, à Athalie.

Mes compliments, madame; vos chères enfants me semblent jouir d'une excellente santé.

MADAME BOUVENOT.

Oh! comme cela, monsieur, comme cela!

MARTHE.

Oui, ma sœur saigne toujours du nez.

EMMELINE.

Et Marthe est toujours enrhumée!... elle éternue toujours...

BOUVENOT.

Mesdemoiselles! mesdemoiselles! (à Moulinier.) Elles sont d'une naïveté!...

MOULINIER, avec prétention.

La naïveté est le duvet des jeunes filles! et les tiennes sont charmantes!

MADAME BOUVENOT.

Saluez, mesdemoiselles.

BOUVENOT, qui a suivi les allures bizarres de Théophile et d'Armand, à part.

Je ne sais, mais ces jeunes gens m'ont l'air un peu distrait... (Pendant cet aparté, Marthe et Emmeline ont exécuté une belle révérence. Dans ce mouvement, elles ont laissé échapper ce qu'elles tenaient, et en se baissant précipitamment pour le ramasser, elles se cognent violemment la tête l'une contre l'autre.)

TOUTES DEUX, avec un cri et se tenant le front.

Oh! la la! elle m'a cognée!

MADAME BOUVENOT, s'élançant.

Mon Dieu!

BOUVENOT.

Pauvres petites!

MARTHE et EMMELINE.

Hi! hi!

THÉOPHILE, à part.

Si c'est comme ça qu'on se fait des bosses, ici?

MOULINIER, aux cent coups.

Mon Dieu! mon Dieu! que je suis donc désolé, car c'est moi qui suis cause...

MADAME BOUVENOT.

Un peu de vulnéraire...

MOULINIER.

Victoire! Victoire! il faut du vulnéraire suisse! vite!

BOUVENOT.

Il faut appliquer une pièce de cent sous!

MOULINIER.

Il a raison!

MADAME BOUVENOT.

Oui! oui! (Tout le monde se fouille; Victoire sort vivement.)

MARTHE, pleurant.

Ça grossit!

EMMELINE, pleurant.

Ça me fait loucher!

MOULINIER.

Ah! j'ai une pièce!

BOUVENOT.

Moi aussi! mais c'est une pièce de cinq francs!

MOULINIER.

Ça ne fait rien, appuie!

BOUVENOT.

J'appuie!...

VICTOIRE, accourant.

Voilà, mademoiselle, voilà!

MADAME BOUVENOT.

Vite! vite! (Elle verse d'un côté, Victoire de l'autre. A Marthe.) Tiens, mon enfant!

VICTOIRE, à Emmeline.

Tenez, mademoiselle... (Toutes deux, après avoir bu, poussent les hauts cris.)

BOUVENOT.

Qu'y a-t-il?

VICTOIRE, regardant l'étiquette.

Suisse... Ah! je m'ai trompé, c'est de l'absinthe!

MADAME BOUVENOT.

De l'absinthe! nos filles sont empoisonnées!

VICTOIRE.

Mais non, mais non, j'en bois, moi, madame!

BOUVENOT, leur tapant dans le dos.

Ce ne sera rien! ce ne sera rien!

MOULINIER.

C'est de la fatâlité!

ARMAND et THÉOPHILE, avec un cri.

Ah!

TOUS.

Quoi donc! (Théophile cache sa lunette, et Armand serre ses cheveux.)

ARMAND, à part.

Je les ai!

THÉOPHILE, à part.

Je crois que je l'ai vue; elle fait sa coupe!

BOUVENOT, à part.

Je ne sais, mais ces jeunes gens m'ont l'air bien distrait !

MARTHE, à son père.

Ce sera vilain, n'est-ce pas ?

BOUVENOT.

Non, non, au contraire !

EMMELINE, à Moulinier.

Est-ce que ça se voit !

MOULINIER.

Non, chère demoiselle... ça ne se verra que demain.

MARTHE, s'échappant.

Hi ! hi ! hi ! (A sa sœur.) C'est ta faute !

EMMELINE.

C'est la tienne ! tu es si maladroite !

MARTHE.

Maman, elle me dit des sottises !

MADAME BOUVENOT.

Eh bien ? eh bien ?... (Marthe tire la langue à sa sœur.)

EMMELINE, lui donnant une tape.

Tiens donc !

MARTHE.

Maman, elle me bat !

MADAME BOUVENOT.

Marthe ! Emmeline !

BOUVENOT.

Mesdemoiselles ! mesdemoiselles ! (à Moulinier) Je suis confus !...

MOULINIER.

Elles sont charmantes ! un peu vives, mais cela sied à leur âge !

BOUVENOT.

Oh! elles sont encore sans apprêts. (Bas.) Mon ami, je voudrais te parler... seul!

MOULINIER, bas.

Laisse-moi faire. (Haut.) Chère madame, Victoire demande encore une demi-heure pour son déjeuner; ne voulez-vous pas permettre à ces jolies enfants de tresser un bouquet pour l'offrir à leur mère?

MADAME BOUVENOT, avec des signes d'intelligence.

Ah! monsieur, vous êtes d'une galanterie! (Bas.) Je comprends! (Haut.) Venez, mes enfants!...

MOULINIER.

Armand, Théophile, offrez votre bras à ces demoiselles! (Il arrache en cachette la lorgnette et le soulier qui passent de la poche de ses neveux; à part.) Jamais je ne marierai ces animaux-là! (Bas.) Obéissez-moi, ou je vous déshérite!

ARMAND, offrant son bras.

O Léontine!

THÉOPHILE, à part, même jeu.

Si c'est bien elle qui barbote là-bas avec mon rival, je fais un malheur! (Les deux couples remontent.)

MARTHE, en passant près de sa sœur.

Ah! tu m'as tapée! tiens, ça t'apprendra!

EMMELINE.

Oh! elle m'a pincée!

MADAME BOUVENOT, remontant.

Ah çà! voulez-vous bien finir toutes les deux! (Elle les giffle.)

MOULINIER.

L'adorable famille! (Sortie de madame Bouvenot, des deux neveux et des deux jeunes filles qui piaillent.)

SCÈNE VIII

MOULINIER, BOUVENOT.

BOUVENOT.

Je ne sais pas ce qu'elles ont aujourd'hui, mes filles... mais je les trouve un peu... épineuses...

MOULINIER.

Laisse donc... elles sont ravissantes !

BOUVENOT.

Non, je t'assure ! Il y a des jours où elles s'entendent mieux... c'est le temps qui fait ça. Il doit y avoir de l'orage dans l'air, depuis quelques jours... aussi, jeudi dernier déjà, chez le photographe...

MOULINIER.

Ah ! vous vous êtes fait tirer !...

BOUVENOT.

Oui, nous avons eu la faiblesse de sacrifier au collodion !

MOULINIER.

Moi, on m'a conseillé de me faire photosculpter...

BOUVENOT.

Eh bien, pendant toute la séance, je n'ai jamais pu les faire tenir tranquilles. (Tirant plusieurs petits cartons remplis de photographies.) Alors, c'est mal venu... ma femme, au contraire, n'a pas bougé ; aussi... vois comme c'est joli ! comme la position est naturelle !... (Prenant un autre carton.) Moi, je suis moins bien, mais il paraît que c'est parce que j'ai les traits trop délicats ; c'est égal, permets-moi de t'en offrir une épreuve... Maintenant, parlons de mes filles.

MOULINIER, avec feu.

Ah ! les chères petites ! quels trésors ! et comme elles méritent bien d'être heureuses !

BOUVENOT.

C'est mon avis ; aussi, je ne te cacherai pas que si je savais que tes neveux dussent les tromper, les mettre sur la paille ou seulement les rouer de coups...

MOULINIER.

Hein?

BOUVENOT.

Je n'hésiterais pas à rompre tout projet d'union.

MOULINIER.

Les ruiner? les battre? y penses-tu?

BOUVENOT.

Hé! hé! j'ai pris des informations, et dam... c'est très-délicat à dire... mais il paraît que tes neveux sont des pas grand'chose, des sacripants, des va-nu-pieds!

MOULINIER.

Eux? mais au contraire, mon ami, ce seront les meilleures pâtes de maris!

BOUVENOT.

Oh! oh! cependant on m'a raconté des histoires...

MOULINIER.

Tout à leur avantage... j'en suis sûr... Voyons? qu'est-ce qu'on t'a dit!... qu'ils avaient rôti le balai?

BOUVENOT.

Parfaitement.

MOULINIER.

Eh bien! quelle meilleure garantie de bonheur pour une femme? Ils ont eu des maîtresses! oui, mais quelles maîtresses? des farceuses! une Léontine Crochard qui révolutionne le nº 92 du boulevard Malesherbes; — un caïman d'Égypte...

BOUVENOT, *étonné*.

Un caïman d'Égypte?

MOULINIER.

Qui croise... sous le pont de Neuilly... Voilà leurs histoires galantes... Ah! s'ils avaient contracté une de ces liaisons basées sur l'estime et le respect... je te dirais : Bouvenot, tu as raison... jamais ils ne pourront la briser... leur honneur même le leur défendrait... Ainsi, par exemple...

BOUVENOT.

Par exemple?

MOULINIER, après un temps.

Non! rien! Allons, bah! nous sommes seuls... je ne dois pas avoir de secrets pour toi... un ami de trente années! Et je vais tout te dire... oui... (Ils vont s'asseoir. D'un ton solennel.) S'ils avaient rencontré comme moi, dans le chemin de la vie, une de ces créatures d'élite qui semblent résumer en elles tous les charmes et toutes les vertus de la femme, je dirais...

BOUVENOT.

Comment ? comment?... Est-ce que tu aurais été assez heureux pour...

MOULINIER

Oui, mon ami, oui... Écoute, je n'ai pas d'amour-propre, moi : je me vois bien comme je suis... enfin, je ne me monte pas le coup, comme dit mon neveu Théophile. Aussi, quand je pense qu'à mon âge, avec un physique très-ordinaire, j'ai pu en venir à inspirer une passion véritable à une enfant de vingt ans à peine.. Eh bien! ma parole la plus sacrée, ça me fait peur.

BOUVENOT.

Comment?

MOULINIER.

Oui, ça me fait peur... ça n'est pas naturel! Il me semble que je dois payer ça tôt ou tard...

BOUVENOT.

Il est de fait que...

MOULINIER.

C'est-à-dire qu'il y a des moments où je crois avoir rêvé. Je me dis : Non, c'est impossible! ce n'est pas toi, César Moulinier, qui peux faire battre à le briser le cœur de cette suave créature; mais quoi?... Il faut bien que je me rende à l'évidence, lorsque sa voix, suave musique, me dit avec un soupir qui ressemble à de la colère : « César! mon César! mais qu'avez-vous donc fait pour que je vous aime ainsi?... » Ah! je voudrais que tu l'entendisses!

BOUVENOT, un peu incrédule.

Moi aussi, je l'avoue!

MOULINIER, souriant.

Tu n'y crois pas...

BOUVENOT.

C'est-à-dire que...

MOULINIER.

Non! non! tu n'y crois pas... Eh! mon Dieu! c'est tout simple! puisque je te répète qu'il y a des moments où je ne le crois pas moi-même!

BOUVENOT.

Mais enfin! comment l'as-tu connue? où l'as-tu rencontrée?

MOULINIER.

C'était un soir, je traversais la rue Saint-Denis, il était huit heures... l'heure où rentrent les laborieuses abeilles...

BOUVENOT.

Et les piqueuses de bottines...

MOULINIER.

Tu vas voir comme c'est étrange... il pleuvait à verse... j'avais un parapluie et elle n'en avait pas.

BOUVENOT.

Jusqu'ici je ne vois rien de...

MOULINIER.

Attends donc! Elle marchait à mes côtés; son long regard s'attachait sur moi avec une persistance singulière.

BOUVENOT, en confidence.

Oh! ça... ça m'est arrivé aussi.

MOULINIER.

Arrête, mon ami .. ne porte pas un jugement téméraire... (Avec sentiment.) Tu le regretterais tout à l'heure.

BOUVENOT.

Prenons que je n'ai rien dit alors.

MOULINIER.

Moi aussi, ce fut ma première pensée; je ne me le pardonnerai jamais, et dans un premier mouvement. (Honteux.) Je hasardai une phrase que... Ah! nous sommes parfois bien infâmes!

BOUVENOT.

Permets, permets...

MOULINIER, s'attendrissant.

« Je ne vous reproche rien, monsieur (me dit-elle de sa voix douce et calme...), mon audace a provoqué la vôtre, et la façon dont je vous regardais, pouvait vous autoriser à me parler comme vous venez de le faire! J'ai été la première coupable, mais vous me pardonnerez, j'en suis sûre, quand vous saurez... » Elle s'arrêta, elle hésitait! et comme j'insistai : « Monsieur (me dit-elle d'un ton que je n'oublierai jamais!) vous ressemblez à ma mère! »

BOUVENOT, sautant.

Tu ressembles à sa mère?

MOULINIER.

« A ma mère qu'hélas j'ai trop peu connue!... »

BOUVENOT.

Oh! c'est singulier!

MOULINIER.

Là-dessus, les sanglots qu'elle retenait depuis un moment,

l'étouffent tout à coup. Elle chancelle, et elle est obligée, pour ne pas tomber, de s'accrocher à mon bras.

BOUVENOT, se levant.

C'est très-singulier !

MOULNIER, se levant aussi.

J'étais aux cent coups. . la pluie redoublait... alors j'arrête une voiture... elle y monte à demi-évanouie... puis, revenant enfin à elle, elle m'apprend qu'elle se nomme Jenny, et qu'elle est ouvrière en dentelles; je lui offre de la reconduire chez elle : une rougeur couvre son front ! la pauvre petite était honteuse à la pensée de me laisser voir son honnête misère.

BOUVENOT.

Peut-être bien !

MOULINIER.

Je donne un louis au cocher et le mets aux ordres de la douce enfant ! Mais je devais la revoir, et je la revis ! Enfin, que te dirai-je? Quinze jours après, Jenny s'installait joyeuse, rue de la Pépinière, dans un petit appartement convenablement et coquettement meublé par mes soins.

BOUVENOT.

Ah ! elle avait tout de même accepté?...

MOULINIER.

Oui, mon ami. « Savez-vous pourquoi j'accepte si facilement tout ce que vous m'offrez? (me disait-elle avec une simplicité charmante). Eh bien ! c'est qu'il me semble que c'est ma pauvre mère qui me le donne. »

BOUVENOT, sceptique.

C'est très-touchant !

MOULINIER.

Une fois pourtant, il s'agissait d'un bijou, d'une montre que je voulais lui donner pour qu'elle ne manquât pas l'heure de son travail ! Elle refusa obstinément ; sa mère n'aurait pas songé, disait-elle, à lui donner une montre. Impossible de vaincre ses scrupules. J'y avais renoncé et je ne parlais plus de la montre, moi ; quand tout à coup un jour : « Je vois que je vous ai fait de la peine, me dit-elle... Eh bien ! je vais aller consulter une somnambule, et si elle me permet d'accepter... »

BOUVENOT.

Et que dit la somnambule ?

MOULINIER.

Elle lui dit : « Mon enfant, vous pouvez tout accepter de lui, car c'est un honnête homme. »

BOUVENOT, à part.

Jocrisse ! (Haut.) Fort bien ! fort bien... et tu es heureux ?

MOULINIER.

Oui, mon ami... mais pas comme tu l'entends peut-être... non... je la vois tous les jours, mais seulement pendant une heure qu'elle a désignée elle-même... la seule qu'elle puisse dérober pour moi à un labeur incessant.

BOUVENOT, souriant d'un air fin.

Enfin, c'est égal, tu passes une heure !...

MOULINIER.

Revenons à mes neveux. Oui, s'ils avaient rencontré un pareil trésor sur leur chemin, je dirais : Leur avenir est fixé ; mais dans la situation actuelle, je dis : Bouvenot, tes filles seront heureuses.

BOUVENOT.

Heureuses ! heureuses ! tu as beau dire, vois-tu ? mais cette première entrevue ne me semble pas... j'y vois de sinistres présages ; ces bosses au front de mes filles, cette absinthe, image des vicissitudes qui les attendent peut être ? (Avec sentiment.) Tu comprends, Moulinier, je n'ai que deux filles... (Changeant de ton.) Ah ! si j'en avais quatre !...

MOULINIER.

Tes filles seront heureuses, te dis-je !

BOUVENOT.

Eh bien! nous verrons, je réfléchirai ; mais d'abord, Moulinier, bois bien mes paroles.

MOULINIER.

Verse, mon ami.

BOUVENOT.

Je veux que mes gendres soient deux autres moi-même! qu'ils fassent donc ce que j'ai fait! qu'ils rompent tout d'abord avec leur passé! car moi aussi j'eus un passé! composé d'une femme brune que j'adorais et d'un petit ange blond qui avait une dent.

MOULINIER.

Eh bien!

BOUVENOT, avec force.

Eh bien! quand l'heure a sonné pour moi, de devenir sérieux et de me faire une position dans le monde, j'ai tout lâché, Moulinier, j'ai marché sur mon cœur.

MOULINIER.

Quoi! cette femme? cet enfant?

BOUVENOT, avec calme.

Je les ai plantés là ; Voilà comme je comprends les devoirs d'un homme envers la société. Je le répète donc, que les neveux rompent d'abord avec leur passé, et...

SCÈNE IX

LES MÊMES, EMMELINE, puis MARTHE, puis VICTOIRE.

(Emmeline accourt effarée et vient se cramponner à l'habit de son père.)

EMMELINE.

Papa! papa!

BOUVENOT.

Qu'y a-t-il?

EMMELINE.

Il y a un caïman dans la rivière.

BOUVENOT.

Hein ?

EMMELINE.

Nous étions dans un bateau au bord de l'eau, là-bas ; tout à coup M. Théophile a levé les bras en l'air et s'est écrié : Le caïman !

BOUVENOT, poussant Moulinier.

C'était elle !

MOULINIER, à part.

L'animal !

EMMELINE, pleurant.

Hi ! hi ! hi ! je parie qu'il a mangé ma sœur !

MARTHE, accourant.

Papa ! papa !

EMMELINE.

Ah ! la voilà ! (Elle se jette dans ses bras.)

MARTHE, pleurant.

M. Théophile vient de se jeter à l'eau !

BOUVENOT.

Ciel !

MOULINIER, à part.

J'attendais ça !

MARTHE.

Il y a un homme qui le cherchait avec un croc ; quand j'ai vu ça, je me suis sauvée.

BOUVENOT, désolé.

Jamais ces gendres-là ne rompront avec leur passé.

MOULINIER, bas.

Mais si, mais si, c'est la fin, il noie ses souvenirs.

VICTOIRE, criant à gauche.

Monsieur, monsieur, le salon a été frotté ce matin.

MOULINIER.

Qu'y a-t-il?

VICTOIRE, entrant.

Ah! monsieur. c'est votre neveu que le père Éloi a repêché, et qui égoutte dans le salon.

MOULINIER.

Ils me rendront fou! Victoire, portez-le dans ma garde-robe... (Victoire sort Criant.) Qu'il se change, qu'il prenne mes habits, mais qu'il respecte mon Gobelin... Ah! j'y vais moi-même... (A Bouvenot.) Excuse-moi, mon ami. (Il entre côté jardin.)

BOUVENOT, serrant ses filles dans ses bras.

Oh! mes enfants! quel avenir leur était réservé!

MARTHE, se souvenant.

Ah! papa, j'ai oublié de te dire... maman s'est trouvée mal sur le bord de l'eau... elle est entourée d'un grand chasseur avec des plumes de coq.

BOUVENOT.

Grand Dieu! Athalie livrée sans défense aux regards indiscrets! courons! courons, mes filles! (Tous trois sortent en désordre par le fond. Armand entre par la droite, et est en désordre aussi.)

SCÈNE X

ARMAND, puis MAROCAIN, puis THÉOPHILE.

(Armand est fou de joie, il agite une lettre avec passion.)

ARMAND.

Une lettre, une lettre d'elle! Elle me demande! elle m'implore! Le comte Pétéroff est à Ville-d'Avray... elle est libre! elle meurt si je n'arrive... mon Dieu, donnez-moi la force de porter mon bonheur!... (Il tombe sur un siège et couvre la lettre de baisers.)

MAROCAIN paraît au fond; il porte une livrée de chasseur, poignard et baudrier en or, bandes d'or, plumes de coq.

La réponse, s'il vous plaît! monsieur, je suis bien pressé.

ARMAND, lui jetant son porte-monnaie.

La réponse, la voilà... dis que j'y vole! (Allant çà et là.) Mon chapeau, mes gants, mon stick... (S'emparant dans son trouble du chapeau, de la canne et des gants de Bouvenot, sur un meuble, côté cour, il se coiffe du chapeau et enfonce sa main dans les gants.)

MAROCAIN, avec une ironie amère au public.

Et voilà les créatures qu'on aime le plus et qui vous payent le mieux... O société gangrenée! (Il sort gravement par le fond.)

ARMAND.

Dis-moi, Marocain? qu'a-t-elle fait hier? a-t-elle reçu ma lettre (Voyant que Marocain est parti.) Il s'en va... je l'interrogerai plus tard... partons... je sors par le potager... de cette façon, j'évite mon oncle et les Bouvenot. (Il se dirige vers le côté jardin.)

THÉOPHILE, entrant par la gauche, il porte des habits à Moulinier.

Il ne me manque plus qu'une trompe! (Rencontrant Armand qui allait sortir.) Armand!

ARMAND.

Théophile, adieu! je pars! Léontine m'attend! Elle pleure! elle m'aime! (Il s'élance par la gauche.)

SCÈNE XI

THÉOPHILE, puis VICTOIRE, et LE PÈRE ÉLOI, ensuite tout le monde.

THÉOPHILE.

Il a des amours fidèles, lui, et moi!... féroce caïman! ma lunette ne m'avait pas trompé! Je l'ai revue tout à l'heure au large et au milieu de ses rameurs, nonchalamment couchée sur un banc de l'*Alabama*, une cigarette aux dents, une chanson aux lèvres... Oui, elle chantait en fumant par le nez! Elle a toutes les séductions! et je vivrais sans elle! non! non! (Avisant le piton placé au milieu du plafond et destiné à supporter une lampe.) Ah! la lampe n'y est pas, eh bien, je vais la remplacer, moi... (Cherchant) je n'ai pas encore essayé de ça. (Il arrache un cordon de sonnette.) J'ai mon affaire!

VICTOIRE, entrant avec Éloi.

Vite, père Éloi!

THÉOPHILE.

Des gêneurs!

VICTOIRE.

Aidez-moi! (Ils mettent la nappe.)

THÉOPHILE, à part.

Fatal contre-temps! comment l'éloigner? Elle va mettre son couvert! je vais l'aider, elle filera après.

VICTOIRE.

Maintenant vous pouvez sonner le premier coup de la cloche à laquelle il tient tant.

LE PÈRE ÉLOI, sortant.

Bien, m'amzelle!

THÉOPHILE.

Vite, vite!

VICTOIRE.

Qu'est-ce que vous faites donc?

THÉOPHILE.

Je t'aide!

VICTOIRE.

Mais vous m'aidez mal!

THÉOPHILE, *mettant tout pêle-mêle sur la table.*

Les réchauds!

VICTOIRE.

Mais ce n'est pas là que ça se met.

THÉOPHILE.

Les assiettes!... les fraises!... les cerises!...

VICTOIRE.

Mais vous les escarbouillez!

THÉOPHILE.

Ça ne fait rien... Maintenant, le café!

VICTOIRE.

Mais pas maintenant!...

THÉOPHILE.

La soupière!

VICTOIRE.

Il ne faut pas de soupière pour un déjeuner!...

THÉOPHILE.

Les assiettes creuses!... *(Il en casse deux.)*

VICTOIRE.

Ah! je réponds de la casse!...

THÉOPHILE.

Les couverts!... l'argenterie!... les couteaux!...

VICTOIRE.

Mais laissez-moi donc faire!

THÉOPHILE.

Les chaises!

VICTOIRE.

Ah! quel enragé!

THÉOPHILE.

Maintenant, ton couvert est mis... tu peux filer... file, si tu tiens à la vie.

VICTOIRE, se sauvant.

Mais il est fou !

THÉOPHILE, seul.

Enfin, je suis seul... Odette à, toi ma dernière pensée! (Il grimpe sur la table, son cordon de sonnette à la main.)

MOULINIER, en dehors.

Bouvenot, la main aux dames! (Rentrée de tout le monde.)

TOUS, à la vue de Théophile.

Ah!

MOULINIER, le tirant.

Que fais-tu là?

THÉOPHILE.

Mon oncle, je monte le lustre.

MOULINIER.

Veux-tu descendre!

THÉOPHILE.

Ah! vous gênez mon désespoir!

MOULINIER.

Et Armand? où est Armand?

VICTOIRE.

Parti, monsieur!

MOULINIER.

Parti!

THÉOPHILE, à part.

Comment filer?

VICTOIRE.

Il a crié comme ça au cocher : Boulevard Malesherbes.

BOUVENOT, à part.

Quatre-vingt-douze.

MOULINIER, de même.

Chez sa Léontine!

M. BOUVENOT.

Il faut prendre une détermination suprême. . Décidément ce ne sont pas les gendres qu'il me faut!

MOULINIER, se boutonnant.

Eh bien! si : et je n'en aurai pas le démenti... je vais les rattraper! et quand je devrais les faire marier par des gendarmes! (Prenant son chapeau, à Bouvenot.) Sers toujours le poisson! je reviens! (Il lui donne la truelle et sort vivement.)

M. BOUVENOT, criant et courant après lui.

Inutile! tout est rompu! Moulinier! Moulinier! (Redescendant.) Je le rejoins... il faut qu'il sache que tout est fini! on ne roule pas un Bouvenot comme ça!

MARTHE.

Papa... j'ai faim!

M. BOUVENOT, qui a pris le chapeau, les gants et le stick d'Armand, à madame Bouvenot en lui remettant la truelle.

Sers toujours le poisson, je reviens! (Appelant en sortant.) Moulinier! Moulinier!

MADAME BOUVENOT, courant après lui.

Monsieur Bouvenot.

LES DEUX FILLES.

Papa! papa!

MADAME BOUVENOT.

Moi, rester une minute de plus dans ce coupe-gorge, jamais! (Elle prend pêle-mêle les chapeaux de ses filles et les en coiffe au hasard.)

Marthe, Emmeline, suivez-moi. (A Victoire, en lui remettant la truelle.) Sers toujours le poisson. (Sortant.) Monsieur Bouvenot !... monsieur Bouvenot !...

LES JEUNES FILLES, criant.

Papa !... papa !...

VICTOIRE, seule, éclatant de rire.

Quel drôle de déjeuner !

ACTE DEUXIÈME

Le boudoir de Léontine Crochard. — Porte au fond. — Portes latérales au premier et au troisième plan. — Une fenêtre à la droite de l'acteur. — Une petite table à gauche.

SCÈNE PREMIÈRE

MAROCAIN, BLANCHETTE.

(Au lever du rideau, Marocain, en petite livrée, regarde des cartes de visite placées dans une coupe.)

BLANCHETTE, venant de la droite et parlant à la cantonnade.

Oh! madame peut être tranquille... je serai rentrée à cinq heures précises.

MAROCAIN.

Tiens! vous sortez, vous!

BLANCHETTE, devant la glace.

Dame! il faut croire...

MAROCAIN.

Eh ben! alors, qu'est-ce qui va ouvrir la porte?

BLANCHETTE.

Vous, apparemment.

MAROCAIN, riant.

Allons bon, me v'là femme de chambre... (Prenant une carte.) Tiens ! qu'est-ce que celui-là ? Antonio Fuentès y Moreira de Feñaflor.

BLANCHETTE.

C'est un Espagnol...

MAROCAIN.

Un nouveau !

BLANCHETTE.

Il est fou de madame et veut être présenté.

MAROCAIN, s'adressant à la carte.

Et c'est pour ça que tu as quitté toutes les Espagnes, toi !... mais mon bon Fuentès, tu n'avais qu'à flanquer cent mille francs dans le Guadalquivir, c'était la même chose, et... tu économisais le voyage.

BLANCHETTE, riant.

Un Espagnol à la mer !

MAROCAIN.

A la mer... oui ; et bientôt... à la côte...

BLANCHETTE.

Êtes-vous assez méchant !

MAROCAIN.

Je connais rudement les femmes.

BLANCHETTE.

Vous, allons donc !

MAROCAIN.

J'ai été jobardé comme les autres ; mais maintenant... quand je couperai dans un pont féminin, le bain Deligny refusera du monde.

BLANCHETTE.

Pourquoi ça ?

MAROCAIN.

Parce qu'il fera une jolie chaleur.

BLANCHETTE, haussant les épaules.

Taisez-vous donc !...

MAROCAIN.

Comment voulez-vous que j'estime une femme, puisque je ne m'estime pas moi-même... (Souriant.) Oh ! je me méprise carrément ! Le métier que je fais est ignoble. . je le sais... et j'en rougis intérieurement... à chaque instant ma conscience se révolte, j'ai des scrupules, j'en ai ! (Changeant de ton.) Seulement je les étouffe : je n'ai pas de position ; voilà pourquoi je sers chez les hétaïres : on y fait sa petite pelotte en douceur. Mais le jour où j'aurai mes douze cents francs de rente... oh ! là là !... je reprends ma blanche tunique au vestiaire de la vertu, et je me retire dare-dare dans un hameau solitaire *oùsque* n'aura pas pénétré le souffle empesté des villes.

BLANCHETTE, qui a fini de se mirer et d'attiffer son bonnet.

Et vous vous marierez ?

MAROCAIN.

Non... non, je n'estime pas les femmes... j'aurai quelques caprices peut-être... je cueillerai quelques pâquerettes... mais de la fleur d'oranger... oh ! En infusion, oui... mais autrement... oh !... légume dangereux...

BLANCHETTE.

Marocain, vous êtes stupide. (Elle lui fait une révérence en lui riant au nez et se dispose à sortir.)

MAROCAIN.

Je me méfie même des honnêtes ouvrières.

BLANCHETTE, s'arrêtant sur le seuil.

Hein ?

MAROCAIN, à part.

V'lan ! ça y est.

BLANCHETTE.

Marocain, expliquez-vous, que voulez-vous dire ?

MAROCAIN.

Moi... rien...

BLANCHETTE.

Si fait... je vous somme de vous expliquer.

MAROCAIN.

Ah! ça, c'est donc vrai alors ?

BLANCHETTE.

Quoi ?

MAROCAIN.

Rue Saint-Denis, un soir qu'il pleuvait ?...

BLANCHETTE.

Eh bien! après ?

MAROCAIN.

Rencontre d'un bourgeois naïf et d'une chambrière fine mouche ! Mondor accompagne Lisette ; conversation panachée.

BLANCHETTE.

Dame ! en marchant, on cause.

MAROCAIN.

Et vous lui avez dit que vous étiez raccommodeuse de dentelle?

BLANCHETTE.

Oui.

MAROCAIN.

Ah ! elle est bien nature !... Et vous lui avez dit que vous étiez une honnête ouvrière ?...

BLANCHETTE.

Oui.

MAROCAIN.

Moi, à votre place j'aurais pouffé de rire, l'affaire était ratée.

BLANCHETTE.

Pourquoi donc ? tous les jours je raccommode la dentelle pendant que madame est au bois...

MAROCAIN, riant.

Ah ! ça, c'est juste... dans votre petite chambre rue de la Pépinière... Et le bourgeois naïf vous rend une discrète visite ?...

BLANCHETTE.

En tout bien tout honneur. Il me donne des conseils... il me dit de me méfier des jeunes gens.

MAROCAIN.

Superbe !...

BLANCHETTE.

Et il me fera une dot.

MAROCAIN.

Allons, allons, c'est encore un joli bonhomme. (On sonne en dehors.) On sonne.

BLANCHETTE.

Allez donc ouvrir...

MAROCAIN.

Ah ! la cuisinière est là ! ça doit être le jeune Armand Goulu...

BLANCHETTE.

Ah ! dites donc... avez-vous fait prévenir Moïse, le marchand de chevaux ?... celui qu'il a vendu à madame ne va pas du tout.

MAROCAIN

J'ai vu le commis... Monsieur Moïse passera ici aujourd'hui.

SCÈNE II

LES MÊMES, ARMAND.

ARMAND, jetant son chapeau au hasard.

Bonjour, Blanchette, madame est chez elle ?

BLANCHETTE.

Oui, monsieur, elle vous attend avec bien de l'impatience ! (*A part.*) Trois heures ! hé vite, vite ! (*Elle sort vivement par la droite.*)

ARMAND.

Marocain, qu'a-t-elle fait hier soir ?

MAROCAIN.

Monsieur, elle est allée au Cirque.

ARMAND, *inquiet.*

Ah ! c'était le jour de Léotard ?

MAROCAIN.

Non, monsieur, c'était le jour du singe.

ARMAND, *respirant.*

Ah !

MAROCAIN.

Monsieur ne peut pas être jaloux du singe !... Il y a entre les singes et monsieur un tel abîme !... d'abord les singes ne parlent pas ! ce qui établit tout de suite une différence.

ARMAND.

Sans doute.

MAROCAIN, *à part.*

Je le flatte. Quand il fera ce que fait le singe du Cirque, je lui paierai quelque chose.

ARMAND.

Et... elle est rentrée ?

MAROCAIN.

A dix heures et demie.

ARMAND, *à part.*

C'est lâche à moi d'interroger un valet... c'est lâche... Ah !...

MAROCAIN, *au public.*

A deux heures du matin elle est rentrée... mais je le flatte... Dame ! mes douze cents francs de rente, faut qu'ils viennent.

ARMAND.

Et... elle a lu ma lettre en rentrant.

MAROCAIN.

Elle l'a dévorée, monsieur.

ARMAND.

Vraiment! ce bon Marocain!...

MAROCAIN, montrant le sopha.

Monsieur, elle était assise là... Je n'ai jamais vu une émotion comme ça... et j'en ai vu des émotions... Elle a fermé ses grands yeux, la bouche entr'ouverte, la tête à demi renversée en arrière... puis la lettre s'est échappée de ses mains tremblantes! Tenez, comme ça... (Il se met sur le sopha et exécute une pantomime gracieuse.)

ARMAND.

Chère Léontine! ma Titine aimée! mon ange! mon amour! Ah! je l'aime! je l'aime!

MAROCAIN.

Elle est restée dans cette position-là deux heures un quart. On la croyait morte!

ARMAND.

Que dis-tu?

MAROCAIN.

Ah! madame vous aime bien, allez, monsieur... pour vous, elle risque son avenir.

ARMAND.

Je le sais...

MAROCAIN.

Si le comte de Pétéroff se doutait... les Russes ne plaisantent pas... il partirait pour Odessa... Oh! voilà l'homme! pour un oui, pour un non, paf! il retourne à Odessa!

ARMAND.

Mais il ne se doute de rien?

MAROCAIN.

De rien... quant à présent... mais madame est si imprudente!... Elle vous aime tant... c'est du délire... Qu'est-ce que vous voulez que je vous dise, monsieur Armand... c'est du délire!...

ARMAND, modeste.

Vraiment!

MAROCAIN.

J'en causais l'autre soir avec la cuisinière... c'est une brave femme, la cuisinière. Eh ben, elle me disait : « Certainement que monsieur Armand Goulu est un jeune homme tout ce qu'il y a de chique, mais à quoi ça avancera-t-il madame, cet amour-là?... à faire des impairs, et pis v'là tout. »

ARMAND, avec dignité.

Marocain, je suis un galant homme, et dans l'occasion je le prouverais. (Avec force.) Je le prouverais...

MAROCAIN.

Ne répétez pas à madame ce que je vous dis, au moins, monsieur Armand... vous savez comment elle est? elle me balancerait, ça ne ferait pas un pli!...

ARMAND.

Sois tranquille, mon brave Marocain, tu es un bon garçon... tiens... prends... (Il met de l'argent sur la petite table et remonte.)

MAROCAIN.

Ah! monsieur, non!...

ARMAND.

Prends, je le veux... (Il va à la jardinière et cueille une fleur qu'il met à sa boutonnière.)

MAROCAIN, à part.

Cinq louis!... voilà... Si je lui avais dit : « Vous êtes un idiot, » il ne m'aurait rien donné du tout... Je sais bien que ce que je fais n'est pas très... Mais quoi! ce n'est pas le Grand Turc qui me fera des rentes, n'est-ce pas?... je ne le connais pas!

SCÈNE III

LES MÊMES, LÉONTINE.

LÉONTINE, entrant de la droite.

Armand!

ARMAND.

Ma Léontine!

LÉONTINE, bas.

Nous ne sommes pas seuls (A Marocain.) Quel est le marchand qui m'a vendu mon cheval?

MAROCAIN.

M. Moïse, madame...

LÉONTINE.

Le cocher lui a-t-il dit que cette bête était impossible?

MAROCAIN.

Oui, madame... M. Moïse passera lui-même aujourd'hui chez madame.

LÉONTINE.

C'est bien... laissez-nous... (Bas à Marocain.) Attention... dans dix minutes.

MAROCAIN.

Ah! bah!

ARMAND.

Qu'est-ce donc?

LÉONTINE.

Rien, mon ami... l'ordre de ne laisser entrer personne... personne au monde... vous m'avez compris, Marocain?

MAROCAIN.

Oui, madame...

LÉONTINE.

Eh bien, sortez...

MAROCAIN, à part.

Voilà une petite femme forte! vous allez voir ça tout à l'heure. (Il s'incline et sort.)

SCÈNE IV

ARMAND, LÉONTINE.

ARMAND, avec joie.

Seuls!...

LÉONTINE.

Venez ici près de moi... Qu'as-tu fait hier ?... as-tu pensé à moi?... Non... ne parle pas... laisse-moi te regarder... Que j'aime tes yeux! Est-ce que tu regardes ainsi les autres femmes ? Non, n'est-ce pas, dis-moi vite que non!...

ARMAND.

Est-ce que les autres femmes existent pour moi?

LÉONTINE.

Fais voir ta montre... (Armand tire sa montre et Léontine la sienne.) Cette nuit, quand l'aiguille a marqué deux heures, as-tu regardé la petite étoile, tu sais?...

ARMAND.

Oui... à gauche de la lune...

LÉONTINE, sa montre à la main.

C'est ma petite étoile... Ah! je l'ai bien regardée aussi, va... Il me semblait voir des anges... ils ressemblaient tous à mon Armand. J'ai cru que j'allais devenir folle... Et ce matin, qu'as-tu fait ?... Oh! ne mens pas... je ne veux pas que tu mentes, Armand, je veux que tu me dises tout.

ARMAND.

Je suis allé chez mon oncle, où j'ai reçu ton billet...

LÉONTINE.

Après!

ARMAND.

Je suis accouru vers toi, mais avant...

LÉONTINE.

Avant?...

ARMAND.

En passant par la rue de la Paix, j'ai vu chez un bijoutier ces boutons en diamants, et je les ai achetés pour deux petites oreilles mignonnes et adorées.

LÉONTINE, fronçant le sourcil.

Des diamants! pour moi...

ARMAND, ouvrant une boîte.

Oui... tiens, regarde comme ils brillent... quelles étincelles! Qu'as-tu donc, Léontine! (Léontine s'est levée vivement et marche avec agitation.) Ma Léontine?... je t'en supplie! parle, Léontine! je t'ai offensée, ah! mon Dieu!... Ah! mon Dieu! (Léontine tire son mouchoir et se cache la figure en sanglotant. Armand aux cent coups.) Des larmes!... Ah! mon Dieu!... Léontine!... pardonne-moi! Tiens, je suis à tes pieds! Léontine, que t'ai-je fait?

LÉONTINE, s'essuyant les yeux rapidement.

Rien!... vous m'apportez des diamants... quoi de plus simple! on me donne des diamants, à moi!

ARMAND.

Une bagatelle de quatre mille francs!

LÉONTINE.

Oh! j'étais si heureuse quand tu m'apportais une fleur... une pauvre petite fleur... Armand, répondez franchement. Depuis un mois que je vous aime, vous ai-je jamais rien demandé?

ARMAND.

Jamais!

LÉONTINE.

Ah! si... une fois je t'ai demandé des oiseaux.

ARMAND.

C'est vrai... des petits oiseaux!

LÉONTINE.

C'est si bon les oiseaux et les fleurs... c'est si pur!... Des diamants!... il m'en donne, lui, ce comte, cet homme que je hais... Hier encore, il m'a apporté une parure de trente mille francs... Que m'importe lui! mais toi... Oh! Armand, tu m'as fait bien du mal, va!...

ARMAND.

Comme elle m'aime!

LÉONTINE.

Armand, tu ne m'estimes donc pas?

ARMAND.

Moi!

LÉONTINE.

Ah! qu'un autre me traite ainsi, mais toi! toi!...

ARMAND, au désespoir.

Pardonne-moi... je veux ton pardon! Dis, dis!...

LÉONTINE.

Cette nuit, en regardant ma petite étoile et en pensant que tu la regardais aussi, je me disais : « Il y a au monde un être qui m'estime, un cœur qui est à moi, qui est mon bien. » Bah! est-ce que l'on peut nous estimer, nous autres?

ARMAND, avec noblesse.

Léontine, tu es la femme que j'estime le plus au monde.

LÉONTINE, se jetant dans ses bras.

Ah! Armand!

ARMAND.

A présent, que l'on vienne donc t'arracher de mes bras... Que les enfants de la terre viennent donc nous séparer! (Violent coup de sonnette.)

LÉONTINE.

Ciel!

ARMAND.

On a sonné...

LÉONTINE.

Mon ami, c'est le comte... je suis perdue.

ARMAND.

Mais tu m'avais écrit... qu'il était à Ville-d'Avray.

LÉONTINE.

Il aura eu des soupçons, il aura reçu une lettre anonyme, que sais-je! Toutes mes amies me détestent! (Les coups de sonnette se succèdent sans interruption.)

LÉONTINE.

Ah! c'est lui, va... c'est bien sa manière de s'annoncer à cet homme! il sonne en maître! Ah! les hommes du nord! les barbares!...

ARMAND.

Ta main est glacée.

LA VOIX DE MAROCAIN.

Mais, monsieur le comte, madame n'y est pas.

LÉONTINE.

Écoute... écoute...

LA VOIX DE PÉTÉROFF, accent russe.

Laisse donc voir, alors, mon cher.

LÉONTINE.

C'est lui!

ARMAND.

Le comte!...

LA VOIX DE MAROCAIN.

Mais, monsieur le comte, je vous affirme...

LA VOIX DE PÉTÉROFF.

Et moi donc, je veux entrer absolument, entends-tu, drôle... (Bruit de lutte.)

LÉONTINE, ouvrant la porte de droite, premier plan.

Armand, entre là.

ARMAND.

Me cacher...

LÉONTINE.

Armand, je t'en conjure, il y va de ma position... entre, je le veux, je t'en prie... Ah! (Elle pousse Armand et referme la porte contre laquelle elle se tient. La porte du fond s'ouvre. Marocain paraît.)

SCÈNE V

ARMAND caché, LÉONTINE, MAROCAIN.

LÉONTINE.

En vérité, monsieur le comte, oser entrer ainsi, quand ma porte est défendue! cette conduite est indigne d'un gentilhomme!

MAROCAIN, faisant le russe et marchant en faisant du bruit.

Commencez donc de vous calmer, ma chère!

LÉONTINE.

Me calmer!

MAROCAIN, de même.

Vous étiez enfermée avec ce jeune homme, M. Armand Goulu... Il est là... je suis certain de cela qu'il est dans cette chambre.

LÉONTINE.

Monsieur le comte, moi vivante, vous ne franchirez pas le seuil de cette porte.

MAROCAIN, de même.

Ma chère, choisissez donc, je vous prie, de me voir entrer ou de me voir partir pour Odessa.

LÉONTINE.

Partez, monsieur.

MAROCAIN, de même.

C'est vous qui l'aurez voulu... adieu, madame. (De sa voix naturelle.) Ce que je fais n'est pas très... mais quoi ! si j'avais une position, je ne le ferais pas, soyez tranquille. (Léontine lui fait un signe. Il sort vivement, sur la pointe du pied.)

SCÈNE VI

LÉONTINE, ARMAND.

LÉONTINE, ouvrant la porte d'une main défaillante à Armand qui paraît tout pâle.

Armand, mon avenir est perdu!

ARMAND.

Et c'est moi, moi qui suis cause...

LÉONTINE.

Oh! je ne t'accuse pas, mon ami, c'est la fatalité qui a voulu qu'il revînt de Ville-d'Avray... Une lettre anonyme, j'en étais sûre... Quelle lâcheté !

ARMAND, se frappant le front.

Mon Dieu ! mais tout cela c'est ma faute.

LÉONTINE.

Non, cela devait arriver... tout est rompu! tant mieux! Ah! je respire... je suis libre! je suis toute à toi, maintenant.

ARMAND, avec joie.

C'est vrai! ah! mon Dieu ! elle n'appartient plus qu'à moi seul.

LÉONTINE.

Cet homme! ce Russe! ce sauvage! comment lui prouver mon mépris? Ah! (Elle ouvre un petit meuble et en tire une boîte.)

ARMAND.

Que veux-tu faire? Léontine, que veux-tu faire?

LÉONTINE.

Cette parure de trente mille francs! Veux-tu sonner, Armand? Je suis heureuse, je suis fière de moi.

MAROCAIN, reparaissant.

Madame a sonné?

LÉONTINE.

Que Blanchette porte ceci à l'hôtel du comte et ne le remette qu'à lui-même; il n'y a pas de réponse, allez... (Marocain prend la boîte et s'en va.)

LÉONTINE, tendant la main à Armand.

Ami, crois-tu que je t'aime maintenant?

ARMAND.

Tu es un ange! tu es un ange!

LÉONTINE.

Non, mon ami... je suis une femme qui n'a plus que toi au monde.

ARMAND, sautant sur son chapeau.

Je reviens!

LÉONTINE.

Où vas-tu?

ARMAND.

Léontine, l'honneur commande... tu n'as plus le droit de m'imposer ta volonté... Je suis riche, moi aussi... ces diamants, je veux les remplacer.

LÉONTINE, s'accrochant à lui.

Armand, je ne veux pas, je refuse tout, tu ne sortiras pas...

ARMAND.

L'honneur commande ! ma fortune, ma jeunesse, mon avenir, mon âme, tout, tout, je te donne tout, Léontine !... je t'estime et je t'aime... à tout à l'heure. (Violent coup de sonnette.)

ARMAND.

Ah! encore lui !

MAROCAIN, reparaissant.

Madame... c'est un monsieur qui vient pour affaires; ça doit être le marchand de chevaux.

LÉONTINE.

Moïse ! ah ! je vais bien l'arranger, faites attendre... Armand, tiens, sors par ici...

ARMAND, enivré.

Par la cuisine... oh! comme elle m'aime! comme elle m'aime! (Il sort par le troisième plan, à gauche.)

MAROCAIN.

V'là la boîte (A part.) Qu'est-ce que je vous disais, hein? (Il rit.)

LÉONTINE.

Qu'est-ce qui te fait rire, toi ?

MAROCAIN.

Je pense aux orages du cœur (déclamant.)

J'ai vu ceux de la femme et j'ai vu ceux des flots,
Et j'ai plaint les amants plus que les matelots.

LÉONTINE, après avoir replacé les diamants dans le petit meuble dont elle met la clef dans sa poche.

Fais entrer Moïse.

MAROCAIN, à la cantonnade.

Monsieur, vous pouvez entrer.

MOULINIER, paraissant.

Merci, mon ami. (Marocain sort.)

SCÈNE VII

MOULINIER, LÉONTINE.

MOULINIER, regardant autour de lui.

Nom d'un pantin! quel luxe effréné! faut-il que les jeunes gens soient idiots, mon Dieu! C'est-à-dire que c'est révoltant, ma parole d'honneur! quand on pense que...

LÉONTINE.

Ah! vous voilà, vous!

MOULINIER, saluant.

Madame... (A part.) J'ai préparé mon petit speach. (Haut, prenant un air gourmé.) Madame, j'ai cru devoir venir moi-même... car l'affaire est grave... mais j'espère... que nous nous entendrons parfaitement.

LÉONTINE.

Mais voilà quinze jours que je vous attends.

MOULINIER, à part.

Hein! elle me connaît donc?... Ces femmes-là connaissent tout Paris; c'est extraordinaire, on n'a pas d'idée de ça!

LÉONTINE, qui est allée s'asseoir sur le sopha.

Vous savez que je n'en veux plus et que vous pouvez le remmener.

MOULINIER, joyeux, à part.

Ah bah! il y aura eu de la brouille. (Haut.) Mais, madame, c'est parfait et je...

LÉONTINE, parcourant un journal de modes.

Je ne peux pas garder ça, c'est un vrai canasson.

MOULINIER, vexé, à part.

Mon neveu, un canasson!

LÉONTINE.

C'est un animal impossible.

MOULINIER, *se levant à demi.*

Un animal! ah! le mot est vif.

LÉONTINE.

Il n'a pas de jambes.

MOULINIER.

Comment! il n'a pas de jambes. (*A part.*) Ah ça, combien lui en faut-il donc?

LÉONTINE.

Il a des turelutaines, des turelutaines!... la première fois que je l'ai sorti, au beau milieu des Champs-Élysées, v'lan, il se couche.

MOULINIER.

Il se couche! lui!...

LÉONTINE.

Parfaitement.

MOULINIER.

Dans les Champs-Élysées?

LÉONTINE.

Au beau milieu!

MOULINIER.

Mais c'est de la démence!...

LÉONTINE.

La foule s'amassait... il y avait au moins deux cents personnes autour de la voiture.

MOULINIER.

Parbleu! je crois bien.

LÉONTINE.

Et je ne suis pas tranquille du tout... à chaque instant il s'emballe.

MOULINIER.

Il s'emballe!... oui!... oui... la jeunesse... Oh! il a une tête!

LÉONTINE.

Vous le saviez?

MOULINIER.

Parbleu!... depuis trois ans, il m'en a assez fait, le gredin!

LÉONTINE.

Vous le saviez et vous ne m'avez pas prévenue?

MOULINIER.

Ah! permettez, madame!... ma dignité...

LÉONTINE, *se levant.*

Enfin... voyons, en avez-vous un autre à me donner.

MOULINIER, *faisant un bond prodigieux.*

Moi!

LÉONTINE.

Eh bien, emmenez-le, et mettez-le au vert.

MOULINIER.

Au vert! mais il ne le voudra pas! il a une tête!... comme son père!

LÉONTINE.

Est-ce que le père était anglais?

MOULINIER, *surpris.*

Anglais?... non... il était de Besançon. Ah! le fils pourra se vanter de m'avoir donné du fil à retordre. Je l'ai trop gâté! que voulez-vous? je l'aimais; quand il était tout petit, je le faisais sauter sur mes genoux.

LÉONTINE.

Qui?

MOULINIER.

Après tout, c'était le fils de ma sœur.

LÉONTINE.

Ah ça, qu'est-ce que vous me chantez, vous?

MOULINIER.

Madame !

LÉONTINE.

Vous n'êtes donc pas Moïse?

MOULINIER.

Moïse!... un hébreu!... mais non, je m'appelle Moulinier.

LÉONTINE.

L'oncle d'Armand !

MOULINIER.

Oui, madame... l'oncle d'Armand qui vient revêtu d'un pouvoir sacré...

LÉONTINE.

Ah! et moi qui croyais... Ah! ah! ah! (Elle éclate de rire.)

MOULINIER.

Elle me rit au nez! Elle ose rire...

SCÈNE VIII

LES MÊMES, ARMAND, entrant comme la foudre.

ARMAND.

Ma Léontine! tiens! pour toi! pour toi!

MOULINIER.

Qu'est-ce qu'il y a dans cette boîte-là?

ARMAND, pétrifié.

Mon oncle!

LÉONTINE, à part.

Scène de famille!

MOULINIER.

Veux-tu répondre?

ARMAND.

C'est inutile, monsieur; vous ne comprendriez pas, je viens de faire mon devoir.

MOULINIER.

Alors, c'est que tu viens de faire des sottises.

ARMAND.

Mon oncle, je l'aime!

MOULINIER.

Ah! voilà ma bête!

ARMAND.

Monsieur! vous ne connaissez pas la sincérité de son âme, la pureté de son cœur, sa noblesse, sa loyauté! Tenez, mon oncle, je vous en prie, embrassez-la...

MOULINIER.

Moi! oh!

ARMAND, s'accrochant à lui et le palpant.

Appelez-la votre fille.

MOULINIER.

Sapredienne! veux-tu me lâcher?

ARMAND.

Car elle vous aime et vous respecte déjà. Cher oncle, quel avenir charmant! quel rêve de bonheur! Tous, oui, tous réunis autour de vous... elle, moi, mon frère et Odette.

MOULINIER, délirant.

Le caïman d'Égypte! toute la ménagerie alors!

ARMAND.

Quelle union charmante! votre vieillesse s'écoulerait radieuse au milieu de vos quatre enfants... Et qui sait? si un jour, jour horrible, vos yeux étaient privés de la lumière...

MOULINIER, ahuri.

Il veut que je devienne aveugle!...

ARMAND, montrant Léontine.

C'est elle, mon oncle, c'est elle qui guiderait vos pas chancelants, qui écarterait les cailloux du chemin du bout de son ombrelle, tandis que moi, d'une voix émue, je vous lirais votre journal.

MOULINIER.

Mais alors, qu'on m'apporte tout de suite une clarinette.

ARMAND, tombant sur le sopha tout désespéré.

Ah! il ne me comprend pas!... il ne me comprend pas!

MOULINIER.

Et c'est le fils de ma sœur!... ah! ça doit être la faute de mon beau-frère!

LÉONTINE, à part.

Ah! je ne m'amuse pas bien, moi! et ce jeune Espagnol qui m'attend à quatre heures... au pavillon d'Armenonville.

MOULINIER, à Armand qui sanglote dans un oreiller.

Armand! Armand! veux-tu épouser mademoiselle Bouvenot l'aînée? Aimes-tu mieux la cadette? Maître Guérinet, le notaire, doit venir aujourd'hui pour...

ARMAND, sanglotant.

Mais vous ne voyez donc pas que vous piétinez sur mon cœur!

MOULINIER.

Ah! va-t'en au diable. (à Léontine.) C'est à vous que je m'adresse, vous serez plus raisonnable, je...

LÉONTINE.

Monsieur, je respecterai toujours en vous l'oncle d'Armand.

MOULINIER.

Oui, c'est convenu... je vous...

LÉONTINE.

Vous pouvez tout me dire, monsieur, je dois tout entendre.

MOULINIER.

Eh bien, mademoiselle, puisque vous me le permettez, je vous demanderai...

LÉONTINE.

Vos injures mêmes, je dois les subir sans me plaindre !

MOULINIER.

Mais sapristi, laissez-moi donc parler.

LÉONTINE.

Je vous écoute, monsieur.

MOULINIER.

Je vous demanderai...

LÉONTINE.

Plus tard, sans doute, vous regretterez d'avoir méconnu en moi...

MOULINIER.

Ah ! mais ! ah ! mais, ah ! mais ! voulez-vous me laisser parler à la fin !...

LÉONTINE.

Parlez, monsieur...

MOULINIER.

Je vous demanderai donc...

ARMAND, quittant le sopha et revenant palper son oncle.

Et par les froides soirées d'hiver...

MOULINIER, devenant idiot tout à fait.

Allons bon, à l'autre !

ARMAND.

Si la paralysie vous clouait dans un fauteuil.

MOULINIER.

Paralytique ! Ah çà, mais fourre-moi aux incurables tout de suite.

ARMAND.

Mon bon oncle !

MOULINIER.

Réponds... scélérat... qu'y a-t-il dans cette boite ?

ARMAND.

Quelle boîte, mon oncle ?

MOULINIER.

Celle qui est là... enfin la boîte que tu as apportée.

ARMAND.

Vous voulez le savoir ?... Eh bien, soit, apprêtez-vous à rougir. Tout à l'heure un homme est venu... ce Péteroff.

MOULINIER.

Le Russe ! tu as un duel ?

ARMAND.

Non, j'étais caché là dans ce cabinet.

MOULINIER.

Ah ! bon... me voilà rassuré...

ARMAND.

Me devinant près de lui, cet homme fut jaloux !

MOULINIER, le regardant d'un air de pitié.

Oui, mon pauvre garçon !

ARMAND.

Il dit à Léontine de choisir entre lui et moi !

MOULINIER.

Oui... Et c'est toi qu'elle a choisi... est-il bête

ARMAND.

L'homme sortit en pâlissant.

MOULINIER.

Ah ! tu l'as donc vu ? tu l'as donc vu, l'homme ?

ARMAND.

Non, j'étais caché là dans le cabinet.

MOULINIER.

Alors comment sais-tu qu'il était pâle ?

ARMAND.

Ah ! j'ai deviné sa pâleur aux battements de mon sein.

MOULINIER.

Ah ! comme ça, bon, très-bien !

ARMAND.

Et cinq minutes après, Léontine, devant moi, renvoyait à cet homme une parure de trente mille francs qu'il lui avait donnée.

MOULINIER.

Et que tu as remplacée par celle-ci ?...

ARMAND.

Je suis un homme d'honneur !

MOULINIER.

Tu es un Jocrisse !

ARMAND.

Monsieur ! la parure était là dans ce meuble !

MOULINIER.

Eh bien ! elle y est retournée, voilà tout...

LÉONTINE, à part, souriant.

Hein ! pas bête !

MOULINIER.

Les diamants sont là, veux-tu parier ?

ARMAND.

Léontine, mais réponds-lui donc.

LÉONTINE.

J'ai donc besoin de me justifier ? Ouvrez ce meuble, Armand. (Elle lui tend la clef.) Voici la clef.

ARMAND.

Jamais !

MOULINIER.

Mais ouvre donc, nigaud !... Je te parie dix mille francs qu'ils y sont... dix mille francs contre cent sous !... contre cinquante centimes !...

LÉONTINE, tendant toujours la clef.

Prenez !

ARMAND.

Léontine ! j'aimerais mieux me faire couper le poing.

MOULINIER, à Léontine.

Eh bien, donnez-la-moi, et je vais... (Léontine, toujours souriante remet la clef dans sa poche. A lui-même.) Ah ! ah ! voyez-vous ! j'en étais sûr !... (A Léontine.) Mademoiselle, j'ai la prétention, ridicule peut-être, de ne pas être un imbécile. Je vous déclare donc...

LÉONTINE, poussant un cri.

Ah !

ARMAND.

Qu'est-ce donc ?

LÉONTINE, courant se jeter dans ses bras.

Armand !... il a levé la main sur moi !...

MOULINIER, qui avait les mains dans ses poches.

Moi ?

ARMAND.

Vous ?

MOULINIER, toujours les mains dans ses poches, criant.

Mais ce n'est pas vrai !... je n'ai pas bougé de comme ça !...

ARMAND.

Et je ne peux pas vous tuer !... vous êtes mon oncle !

MOULINIER, criant.

Je deviens fou !... Où est mon chapeau ? J'avais un chapeau !...

(A part, tirant sa montre.) Trois heures et demie... et Jenny qui m'attend ! la pauvre enfant !... et ce sont de pareilles femmes qui me la font oublier... (Haut.) Où est mon chapeau ?

LÉONTINE, le lui apportant.

Le voilà, monsieur.

MOULINIER.

Merci, madame. (A Armand.) Écoute, Armand, je ne suis pas un père dindon ! De deux choses l'une... ou tu épouseras mademoiselle Bouvenot l'aînée... (car je ne te donne plus le choix, tu en es indigne.) ou je te déshérite, et je te fais interdire... Dans une heure, je reviendrai ici chercher ta réponse. Trois heures trente-cinq !... (Haut.) Où est mon chapeau !... ah !... je l'ai sur la tête... je deviens fou... ma parole d'honneur !... ça doit vous prendre comme ça quand on devient fou... (A Armand.) Tu es un assassin !... je te donne ma malédiction. (Il sort en poussant la porte.)

SCÈNE IX

ARMAND, LÉONTINE.

ARMAND, regardant sortir son oncle.

Et voilà la famille !...

LÉONTINE.

Armand, ouvre cette fenêtre... j'étouffe... (Elle verse de l'eau dans un verre qui est sur la cheminée pendant qu'Armand ouvre la fenêtre.)

ARMAND.

Pauvre femme !... et c'est pour moi qu'on la torture ainsi...

LÉONTINE, d'une voix défaillante.

Mon ami, ton oncle a raison : je n'ai pas le droit de briser ton avenir... Né pour un monde dans lequel tu es fait pour briller, tu n'as qu'à te laisser vivre, toi !... Qui sait !... devant toi s'ouvre peut-être une carrière politique. Moi, je suis l'obstacle à ta fortune... à ton bonheur... à ta gloire !...

ARMAND.

Qu'as-tu donc ?

LÉONTINE, souriant.

Presque rien... un petit frisson... c'est nerveux...

ARMAND, à part.

Un frisson !...

LÉONTINE.

Armand, si je disparaissais... si je n'existais plus... tu penserais quelquefois à moi, n'est-il pas vrai ?

ARMAND, à part.

Que dit-elle ?

LÉONTINE.

Ta Léontine qui t'aura connu obscur !... (D'une voix brève.) J'ai soif... Armand, donne-moi le verre d'eau qui est... sur cette cheminée. (Armand la regarde et hésite.) Mais donne donc, mon ami, je te dis que j'ai soif. (Armand, solennel, va prendre le verre d'eau.)

ARMAND, à part.

Tout à l'heure, pendant que j'ouvrais la fenêtre, elle a rempli ce verre, et sa main tremblait... (Il lui donne le verre. Léontine le porte à ses lèvres en feignant une émotion déchirante.) Léontine !... Tout est solennel entre nous. Je n'ai qu'un mot à te dire... si je te perdais... je me tuerais à tes pieds...

LÉONTINE.

Ah ! je veux vivre alors. (Elle jette le contenu du verre.)

ARMAND.

C'était du poison !...

LÉONTINE, lorgnant la pendule à part.

Quatre heures moins le quart !... et le pavillon d'Armenonville qui m'attend...

ARMAND.

Oh ! tu vivras !... il faut que tu vives !.. nous pouvons être si heureux... une petite maison de campagne cachée dans les fleurs...

LÉONTINE.

Et dans les feuilles... Oui, mon Armand!... oh! je vivrai... (Elle chancelle.)

ARMAND.

Tu souffres ?...

LÉONTINE.

J'ai la tête en feu... j'ai bien besoin d'air, va... c'est égal, je ne sortirai pas, je veux rester auprès de toi... Veux-tu jouer aux douze points? aimes-tu mieux faire un grabuge? (Elle cherche les cartes.)

ARMAND.

Léontine, veux-tu me faire un grand plaisir ?

LÉONTINE.

Oui.

ARMAND.

Va faire un petit tour.

LÉONTINE.

Cela, non, je ne veux pas.

ARMAND, d'un ton désespéré l'entourant de ses bras.

Rien qu'un tout petit... dans les petites allées... tu sais... nos petites allées mystérieuses... bien enveloppée, comme cela. (Il va chercher le cachemire dont il enveloppe Léontine immobile.)

LÉONTINE.

Je n'irai pas! ainsi, tout ça est inutile.

ARMAND, allant chercher le chapeau.

Oh! le joli chapeau... C'est madame Hode qui te l'a fait?

LÉONTINE.

Oh! je vois bien où vous voulez en venir, allez... avec vos petites manières ..

ARMAND.

Laisse-moi te l'essayer seulement... hein... dis... (Il la coiffe.) Oh! comme il te va!... (Il baise les brides du chapeau. D'une voix câline.) Léontine, maintenant que tu es habillée, va faire un petit tour.

LÉONTINE.

Ma victoria n'est pas attelée...

ARMAND.

Si... elle t'attend à la porte.

LÉONTINE.

Oh! je sais que ça me ferait beaucoup de bien, mais...

ARMAND.

Écoute... va seulement jusqu'au pavillon d'Armenonville.

LÉONTINE.

Tu le veux?...

ARMAND.

Je t'en prie...

LÉONTINE.

C'est trop fort, que je n'aie pas une volonté avec cet homme-là...

ARMAND, joyeux.

Tu consens?

LÉONTINE.

Oui, mais alors je pars vite, car je tiens à mon grabuge!... tu m'attends ici!... tu ne sortiras pas?... (Armand fait signe que non.) Ainsi, vous me chassez?... Oh! vous savez que je vous en veux... et que je vous battrai... Tiens, voilà pour toi! (Elle met ses doigts sur sa bouche, lui envoie un baiser et sort.)

SCÈNE X

ARMAND, puis THÉOPHILE.

ARMAND, les yeux au ciel.

Comme elle m'aime!... Elle n'est plus là... près de moi. Oh! la solitude! quand elle n'est pas là, c'est le désert! quand elle est là, le désert est peuplé (Bruit de voiture qui s'éloigne. — Courant à la fenêtre.) Oh! comme cette voiture l'emporte vite. (Il agite son mouchoir.)

THÉOPHILE, en dehors.

Armand! Armand! (Il entre les vêtements en désordre, l'œil poché.)

ARMAND.

Théophile, qu'as-tu donc? d'où viens-tu?

THÉOPHILE.

De chez le caïman. Je m'étais trompé. Elle n'était pas avec les canotiers; alors j'ai couru cité Trévise; on me dit : « Madame est aux bains. » Je dis : « Elle est trop vieille celle-là... cherchez-en une autre pour bibi... Celle des étuves, il n'en faut pas... » Alors je bouscule Julie, j'entre dans le boudoir, et je trouve le caïman avec qui? avec un zouave...

ARMAND.

Un zouave!

THÉOPHILE, montrant un paquet.

Voilà sa calotte. Elle me dit : « Mon chien, monsieur me racontait l'expédition de Crimée. » Je dis : « Elle est trop forte, celle-là » et je tombe sur le zouave, je me bûche avec.

ARMAND.

Toi!

THÉOPHILE.

Il m'a poché l'œil, mais je lui ai pris sa calotte (Pleurant.) Ah! je peux pas vivre sans cette femme-là... (Il tombe sur une chaise.)

ARMAND.

Voyons, Théophile.

THÉOPHILE, se relevant.

Non, j'en ai assez... Tu lui diras que je la méprise. Et tu lui remettras ça... (Il montre le paquet.) Un zouave! moi qui lui ai envoyé onze cents francs il y a trois jours... Elle me dit : « Je vas me payer une robe. » Et elle s'offre un militaire!... Ah! je peux pas vivre comme ça... Adieu... (Il dépose le paquet sur la petite table.)

ARMAND.

Où vas-tu?...

THÉOPHILE.

Où je vais? Tiens! voilà. (Il enjambe la fenêtre.)

ARMAND.

Malheureux! veux-tu finir... (Il le retient par les basques de son habit.)

THÉOPHILE, pleurant.

Je peux pas vivre sans cette femme-là. (Il disparait. Un des pans de l'habit est resté entre les mains d'Armand.)

ARMAND, poussant un cri.

Ah! Marocain! Blanchette!... Marocain!

MAROCAIN, entrant.

Monsieur a appelé?

ARMAND.

Théophile vient de se jeter par la fenêtre.

MAROCAIN, souriant.

Tiens! pourquoi donc ça?

ARMAND.

Mais cours donc, imbécile!

THÉOPHILE, reparaissant avec une seule basque à son habit.

La mort ne veut pas de moi. (Il tombe sur une chaise au fond du théâtre.)

ARMAND.

Vivant!

THÉOPHILE.

Je suis tombé sur un monsieur qui passait... ça m'a amorti le coup. On est en train de le ramasser.

ARMAND.

Est-il possible!

MAROCAIN.

Allons bon! encore une contravention pour madame. (Il sort.)

THÉOPHILE, se levant et redescendant en scène.

Si pourtant elle m'avait dit la vérité... Si ce zouave était son frère!...

ARMAND.

Ah! c'est trop fort... aimer ainsi mademoiselle Odette!

THÉOPHILE.

Ah ça! dis donc, toi, mademoiselle Odette vaut bien mademoiselle Crochard.

ARMAND.

Théophile!

THÉOPHILE.

Avec ça que c'est quelque chose de chouette, mademoiselle Crochard!...

ARMAND.

Théophile, prends garde...

THÉOPHILE.

Pourquoi que tu insultes mon caïman? (Marocain parait au fond, donnant le bras à Bouvenot. Bouvenot a son chapeau en compote et son habit est fortement maculé de crotte.)

MAROCAIN, le soutenant.

Tout doucement, monsieur, tout doucement!

ARMAND, à part.

M. Bouvenot!

THÉOPHILE, à part.

Mon beau père!

ARMAND.

Sapristi!

THÉOPHILE.

Ah! elle est mauvaise celle-là! .. (Ils sortent en tournant le dos à Bouvenot et en relevant le col de leurs habits pour ne pas être reconnus.)

SCÈNE XI

BOUVENOT, MAROCAIN.

MAROCAIN, étonné.

Qu'est-ce qu'ils ont donc?...

BOUVENOT, à part.

Décidément ces deux jeunes gens ne conviennent pas à mes deux filles!

MAROCAIN, faisant asseoir Bouvenot sur le sopha.

Eh bien, monsieur, comment vous sentez-vous?

BOUVENOT.

Je me sens disloqué!... ce jeune homme était lourd... Comment donc cet accident est-il arrivé?

MAROCAIN.

Oh! c'est bien simple. Il s'appuyait, n'est-ce pas?... alors, en se penchant pour voir...

BOUVENOT.

Oui, il aura été entraîné...

MAROCAIN.

Les jeunes gens se laissent entraîner si facilement.

BOUVENOT.

A qui le dites-vous, mon ami... Ah! (Fouillant dans ses poches.) Allons bon! j'ai perdu mes photographies.

MAROCAIN.

Quelles photographies?...

BOUVENOT.

Moi, ma femme et mes deux filles...

MAROCAIN.

Elles seront tombées dans l'escalier... Monsieur veut-il que j'aille voir...

BOUVENOT.

Non!... ne me quittez pas, mon ami... Je me sens un peu étourdi; ce jeune homme était lourd!... Vous n'auriez pas un peu de vinaigre?

MAROCAIN.

Si fait, monsieur, vinaigre de Bully, eau de Cologne, eau de Botot, eau de Lubin. Nous avons de tout.

BOUVENOT.

Non, du vinaigre ordinaire.

MAROCAIN.

Si monsieur veut accepter le secours de mon bras, je le conduirai à l'office.

BOUVENOT.

A l'office, oui... d'autant mieux que j'ai besoin d'un coup de brosse... De quel côté allons-nous?

MAROCAIN, lui prenant le bras.

Tenez, monsieur, par ici... c'est au bout du colidor à droite...

BOUVENOT, à lui-même.

C'est égal, c'est embêtant d'avoir des filles... (Ils sortent par la gauche. Au même instant, Moulinier paraît au fond, l'air radieux. Il a une grosse rose à la boutonnière.)

SCÈNE XII

MOULINIER, seul, plein d'enthousiasme.

C'est un ange !... C'est un ange !... Elle vient de passer cinq nuits à travailler ; elle me l'avait caché, et savez-vous pourquoi elle a passé cinq nuits ? Parce qu'elle a répondu de douze cents francs... pour une vieille voisine de quatre-vingt-douze ans... la pauvre mère Blanchard !... On allait la chasser, vendre ses meubles ; alors, elle, avec son bon cœur, elle s'était engagée à travailler jusqu'au paiement intégral de... Vous sentez bien que je lui ai dit : « Ma chère enfant, je ne veux pas que vous vous tuiez, moi... voilà les douze cents francs. » Elle est entrée dans une colère !... « Pour qui me prenez-vous ?... Qu'est-ce que ça veut dire ?... » Puis tout à coup des larmes !... Par bonheur une inspiration m'est venue « Jenny (ai-je dit) prenez cet argent... au nom de votre mère ! » Ce mot là lui a fait une révolution.. Elle s'est essuyé les yeux !... « Mon ami (m'a-t-elle dit enfin d'une voix brisée par l'émotion.) vous vous armez là d'un titre sacré .. j'accepte... » Alors elle a pris les douze cents francs, elle les a serrés dans son tiroir, je suis parti et voilà ma journée ! Oh ! oui, c'est un ange ! Un ange ! (Blanchette entre sans le voir.)

SCÈNE XIII

MOULINIER, BLANCHETTE.

BLANCHETTE, agitant les billets de banque.

Douze cents de plus pour ma tirelire ! (Là-dessus mademoiselle Blanchette exécute un pas de caractère qu'elle accompagne en chantant.)

MOULINIER, bondissant.

Qu'est-ce que je vois !... (Blanchette, qui vient de lancer le coup de pied final, apercevant Moulinier ; avec un cri.)

BLANCHETTE.

Lui!

MOULINIER, stupéfait.

Vous!

BLANCHETTE, perdant la tête.

Oui... oui... je.. rapporte de l'ouvrage. (Désignant le paquet contenant le turban.) Le voilà.

MOULINIER.

Vous rapportez de l'ouvrage, (Imitant le pas de Blanchette.) comme ça!...

BLANCHETTE.

Mais...

MOULINIER.

Jenny... répondez... Pourquoi cette chorégraphie? Pourquoi?

BLANCHETTE.

Je vous en conjure, ne m'interrogez pas!

MOULINIER, riant sataniquement.

Ah! ah! ah! je la connais cette phrase-là!... Cette réponse clichée des mauvaises consciences! répondez, pourquoi ces chants anacréontiques? Pourquoi cette tulipe orageuse?

BLANCHETTE, cherchant.

Pourquoi?... pour... (Ayant trouvé, à Moulinier avec sentiment.) Je travaille pour vivre, monsieur, vous le savez! je travaille pour qui me paie, moi!

MOULINIER.

Oui, c'est entendu... Eh bien? ..

BLANCHETTE, avec des larmes contenues.

Quand je franchis ce seuil fortuné, je renfonce mes larmes et j'essaie un sourire.

MOULINIER.

Oui... Et le serpent à sonnettes!

BLANCHETTE, avec aplomb.

Oui, monsieur, oui! Mais vous ne les connaissez donc pas ces femmes gâtées par le bonheur? mais vous ne savez donc pas que, lorsqu'on dépend d'elles, il faut obéir à toutes leurs fantaisies, subir tous leurs caprices?

MOULINIER.

Mais...

BLANCHETTE.

Un jour qu'elle s'ennuyait, elle a trouvé plaisant de me forcer... de me contraindre... oui. (Avec confusion.) Elle m'apprit de force cette danse coupable.

MOULINIER, indigné.

Oh!

BLANCHETTE.

A moi! (Elle cache sa tête dans ses mains.)

MOULINIER, se mouchant et à part.

La coquine!

BLANCHETTE, avec un air de martyre.

Eh bien! tout à l'heure...

MOULINIER, à part.

Quelle invention infernale! apprendre à cette enfant... Ah! la coquine!

BLANCHETTE.

Tout à l'heure, je mettais mon masque, monsieur, et je répétais cette comédie qu'il me faut jouer tous les jours et qui me tue! (Elle tombe sur un siége.)

MOULINIER, très-ému.

Jenny... Il se peut que... Moi je ne demande qu'à vous croire... Jurez-moi donc que vous m'avez dit la vérité... Jurez-le-moi... sur ce que vous avez de plus sacré!

BLANCHETTE, à part.

Ah! ce portrait que j'ai trouvé dans le corridor...

MOULINIER.

Ah! vous n'osez pas!

BLANCHETTE, après un moment.

Si monsieur! si. (Elle fouille dans sa poche.) Ecoutez. Il est un secret que je ne voulais vous apprendre que demain... (Avec bonheur.) César !

MOULINIER, à part.

Mon petit nom !

BLANCHETTE, se reprenant et avec pudeur.

Mon ami !... J'ai retrouvé un père !

MOULINIER.

Un ?... je veux dire : votre père? Il se pourrait ?

BLANCHETE.

Une main amie m'a fait parvenir une lettre que j'ai déjà baignée de mes larmes, et un portrait que j'ai déjà couvert de mes baisers.

MOULINIER.

Et ce portrait c'est celui de...

BLANCHETTE, contemplant un portrait-carte.

De mon père, oui, monsieur, et c'est sur ce portrait que votre Jenny vous jure qu'elle a dit la vérité. (Elle lui donne le portrait-carte.)

MOULINIER, avec un bond et à part.

Bouvenot ! !

BLANCHETTE.

Qu'avez-vous ?

MOULINIER.

Rien... rien... pauvre petite ! Et je la soupçonnais ! Et je l'insultais !... Je suis un misérable. Je te dois une réparation et tu l'auras complète. Je réponds de ton bonheur. Espère ! espère ! (Il l'embrasse.)

BLANCHETTE, avec pudeur.

Ah ! vous m'avez fait rougir. (Lui tendant la main.) Mais je vous pardonne, César, votre baiser m'a fait du bien (Elle s'éloigne en lui envoyant des baisers de la main.) Adieu ! à demain. (A part, en sortant.) Je vais attendre qu'il ait filé.

MOULINIER, avec explosion.

Il y a une justice là haut !

SCÈNE XIV

MOULINIER, puis BOUVENOT, puis MAROCAIN.

MOULINIER, dans le plus grand désordre.

Quelle révélation ! Oh ! il n'y a pas de temps à perdre ! Ma conscience me dicte mon devoir, je jure de l'accomplir.

BOUVENOT, venant de la gauche.

Ah ! ça va mieux !

MOULINIER.

Bouvenot ! te voilà !...

BOUVENOT.

Oui, j'ai couru après toi, et j'étais bien sûr de te trouver ici... Voyons, sérieusement, ne trouves-tu pas que tes neveux...

MOULINIER.

Il s'agit bien de mes neveux ! Bouvenot, es-tu un honnête homme ?

BOUVENOT.

Plaît-il ?

MOULINIER.

Je te demande si tu es un honnête homme.

BOUVENOT, inquiet.

Moulinier, il est arrivé un malheur ?

MOULINIER.

Rassemble tout ton courage, toute ton énergie...

BOUVENOT.

Moulinier, tu me fais peur.

MOULINIER.

Bouvenot, ton enfant est sur tes traces...

BOUVENOT.

Quel enfant ?

MOULINIER.

Celui que tu as abandonné.

BOUVENOT.

Ah ! mon Dieu !... C'est impossible !

MOULINIER.

Je l'ai vu. .

BOUVENOT.

Toi ? Ah çà ! mais c'est donc le jour des tuiles... Tout à l'heure, il me tombe un homme sur la tête... et maintenant c'est un enfant...

MOULINIER.

Oui, ton enfant qui travaille nuit et jour comme les mercenaires.

BOUVENOT.

C'est impossible ; cet enfant se trompe, ses calculs ne sont pas exacts.

MOULINIER.

C'est ta vivante image !

BOUVENOT.

Ah ! mon Dieu !

MOULINIER.

On lui a écrit déjà, et alors, qui sait ? dans quelques jours, demain peut-être, cet enfant se présentera chez toi.

BOUVENOT, effaré

Chez moi !...

MOULINIER.

Et te demandera compte de ton abandon.

BOUVENOT, sur le sopha.

Ah ! que j'ai mal à la tête ..

MOULINIER.

Apprécie la situation !... apprécie-la...

BOUVENOT.

Mais elle est horrible ! car enfin, entre nous, cet enfant, je ne suis pas sûr qu'il soit de moi. La mère était somnambule.

MOULINIER.

Je te répète que c'est toi, que c'est ton portrait... en mieux, naturellement... comprends-tu ?

BOUVENOT.

Mais alors, je suis perdu ! Moulinier, mon ami, que faire ?... conseille-moi, sauve-moi...

MOULINIER.

Ta femme apprendra ce fatal secret, n'est-ce pas ?...

BOUVENOT.

Hélas !

MOULINIER.

Par des étrangers... Eh bien, que ce soit ta bouche qui le lui révèle...

BOUVENOT.

Jamais.

MOULINIER.

Tu n'oses pas parler ?... écris !

BOUVENOT.

Jamais !

MOULINIER, fausse sortie.

Alors, fais comme tu l'entendras.

BOUVENOT, se levant.

Moulinier, ne me lâche pas !.,.

MOULINIER, revenant.

Mais songe donc que ta franchise seule peut te sauver... Le jour où tu diras à ta femme : — « Ma bonne amie, qu'est-ce que tu veux, quoi, c'est comme ça... il n'y a plus à y revenir. » Elle n'aura pas le droit de t'en vouloir. Tu auras été franc.

BOUVENOT.

Comment ?... tu crois qu'Athalie...

MOULINIER.

Ta femme a du cœur... elle a plus de cœur que toi... Si elle avait eu un enfant avant son mariage, elle te le dirait.

BOUVENOT.

Ah çà ! dis donc ?...

MOULINIER.

Et tu n'aurais pas le droit de lui en vouloir.

BOUVENOT.

Mais si !... elle ne doit m'apporter que ce qui est sur le contrat.

MOULINIER.

Bouvenot, veux-tu que je te sauve ?

BOUVENOT.

Ah ! mon ami, je m'abandonne à toi...

MOULINIER, lui montrant la petite table.

Assieds-toi là... et écris...

BOUVENOT, obéissant.

Ah ! que j'ai mal à la tête.

MOULINIER.

Je réponds de tout.. Es-tu prêt ?

BOUVENOT.

Oui, mon ami...

MOULINIER, dictant.

« Athalie, j'ai été jeune. »

BOUVENOT.

Ah ! elle ne croira jamais ça.

MOULINIER.

« Athalie, j'ai été jeune !... » Point d'exclamation. « Le torrent des passions m'entraîna dans son cours effréné... » Point d'exclamation.

BOUVENOT.

Quelle scène en rentrant !

MOULINIER.

As-tu écrit ?

BOUVENOT.

« Dans son cours effréné !... »

MOULINIER, cherchant des idées.

« J'ai séduit une jeune fille. » — Où l'as-tu séduite ?

BOUVENOT.

A l'ancien Tivoli, mon ami... c'est démoli maintenant.

MOULINIER, dictant.

« J'ai séduit une jeune fille à l'ancien Tivoli, démoli maintenant... Cette jeune fille devint mère. J'ai vu mon enfant, pauvre, nu, presque sans asile ! »

BOUVENOT.

Mais je ne l'ai pas vu !

MOULINIER.

Écris donc... c'est pour l'émouvoir.

BOUVENOT.

Ah ! bon !

MOULINIER.

Point d'exclamation. « C'est ma vivante image... » Plusieurs points. « Athalie... que dois-je faire, c'est ton cœur qui décidera. » — Signe.

BOUVENOT.

Voilà...

MOULINIER.

Où est ta femme ?

BOUVENOT.

Elle est retournée à la maison, bien certainement... Mon Dieu ! que j'ai donc mal à la tête !

MOULINIER, mettant l'adresse.

A madame Bouvenot, rue Louis-le-Grand, 46... Paris.

BOUVENOT.

Ouf ! (Moulinier sonne, Marocain paraît.)

MAROCAIN.

Monsieur a sonné ?

MOULINIER.

Cette lettre à son adresse... à l'instant même... que le commissionnaire prenne une voiture... Tiens, voilà de l'or. (A Bouvenot.) Pauvre ami...

MAROCAIN.

Tiens, ils se connaissent donc ! (Il sort à gauche.)

BOUVENOT.

Quelle scène en rentrant !

MOULINIER, descendant.

Bouvenot, tu as fait ton devoir. N'est-ce pas que ta conscience te crie... « C'est bien !... Moulinier avait raison. »

BOUVENOT.

Non. Je suis très-ennuyé, voilà tout !...

MOULNIER, lui serrant la main.

Ton enfant devait embrasser son père... il le fallait... Et maintenant, mon vieux, sois tranquille sur son sort. Bouvenot, veux-tu de moi pour ton gendre ?

BOUVENOT.

Mon gendre ?... Qu'est-ce que ça veut dire ?

MOULINIER.

Cela veut dire que j'épouse ta fille ! la pauvre ouvrière que...

BOUVENOT, éclatant.

Comment ma fille ! mais c'était un garçon !...

MOULINIER.

Hein !

BOUVENOT.

Que le diable t'emporte !... et cette lettre !... cette lettre à ma femme !... Ah ! mon Dieu ! (Il sonne à tour de bras.)

MOULINIER.

Mais tout à l'heure... elle m'a dit... en rapportant cet ouvrage... (Il défait le paquet.)

BOUVENOT.

Mais il n'y a donc personne ici ?...

MAROCAIN, reparaissant.

Monsieur a sonné ?

BOUVENOT.

Mon ami, la lettre que l'on vous a donnée, rendez-la-moi.

MAROCAIN.

Impossible, monsieur le commissionnaire vient de partir.

BOUVENOT, tombant sur un fauteuil.

Ah ! je suis perdu !

MOULINIER, tombant de l'autre côté.

Un bonnet turc !... qu'est-ce que ça veut dire ? (Marocain les regarde en souriant.)

(Le rideau baisse.)

ACTE TROISIÈME

Petit salon d'été, chez Moulinier, à Neuilly; au fond, glace sans tain laissant voir le jardin. Des portes latérales, premier, troisième plans.

SCÈNE PREMIÈRE

MARTHE, EMMELINE.

(Toutes deux sont en jupon, épaules et bras nus, et finissent de repasser leurs cols et leurs manchettes. Les robes des deux jeunes filles sont étendues sur deux fauteuils.)

MARTHE, repassant.

Drôle d'idée tout de même que papa a eue là... nous amener dans un pays où il pleut comme ça...

EMMELINE, tuyottant.

Qu'elle est bête, cette Marthe!... Crois-tu pas qu'il pleut six mois de suite à Neuilly comme dans l'île de Robinson.

MARTHE, insistant.

Ça n'empêche pas, mademoiselle, que comme nous allions à la recherche d'une voiture pour nous en retourner chez nous, un orage épouvantable a éclaté, et que nous avons été obligées de revenir ici, même qu'en chemin nos robes ont été toutes trempées, et qu'il nous a fallu les repasser nous-mêmes pendant que Victoire repassait celle de maman... Ah!...

EMMELINE, l'imitant.

Ah!... Eh bien?... est-ce que ça prouve qu'il pleut six mois de suite à Neuilly, ça?...

MARTHE.

Enfin, si papa ne revient pas ce soir, nous serons donc forcées de coucher chez M. Moulinier?

EMMELINE.

Dame! c'est possible... De cette façon, nous verrons peut-être nos prétendus... Car ils sont bien étonnants, ces jeunes gens-là.

MARTHE.

Dis donc, Emmeline, n'est-ce pas qu'il est gentil, M. Théophile!...

EMMELINE.

Il te plaît?...

MARTHE.

Oui... et M. Armand?... qu'en dis-tu?... (Avec impatience.) Dis donc...

EMMELINE.

Eh bien, je crois que ça me vient aussi.

MARTHE, curieuse.

Quoi donc?

EMMELINE.

L'amour, mademoiselle!

MADAME BOUVENOT, en dehors.

Victoire! Victoire!

MARTHE, écoutant.

J'entends maman... Victoire a fini de la repasser... Taisons-nous, il ne faut pas qu'elle se doute...

EMMELINE.

Pourquoi donc ça?... mais au contraire... il faut tout lui dire...

MARTHE.

Ah! moi, j'ose pas... parle pour nous deux, hein?... Je te donnerai quelque chose... (Elles se séparent; madame Bouvenot paraît; sa robe, son bonnet et sa collerette sont empesés outre mesure. On dirait une fortification.)

SCÈNE II

LES MÊMES, MADAME BOUVENOT.

MADAME BOUVENOT, à part.

Je ne sais pas comment Victoire a fait son compte, mais ma robe me gêne... (Apercevant ses filles qui sont en train de passer leurs robes.) Que vois-je?... Comment, mesdemoiselles, c'est ici, dans cette chambre de verre, que vous procédez à votre toilette?... Quelle immodestie!... (A part.) Et si quelque Actéon avait chassé par là?... (Au public.) On sait sa mythologie... (Aux deux jeunes filles.) Allons, mesdemoiselles approchez, et accoutrez-vous plus vite que ça...

MARTHE et EMMELINE.

Nous voilà, maman...

MADAME BOUVENOT.

Venez, Emmeline; pour gagner du temps, je vais vous agrafer, et vous agraferez votre sœur... (Elles se mettent toutes les trois à la queue l'une de l'autre.)

MADAME BOUVENOT, faisant de vains efforts.

Ah! mon Dieu!... ah! mon Dieu!... mais ma fille, ce n'est pas possible; vous êtes enflée!

EMMELINE, timidement.

Maman... maman, c'est que j'ai le cœur gros...

MADAME BOUVENOT.

Ah bah!... et pourquoi avez-vous le cœur gros, s'il vous plaît?...

EMMELINE, de même.

Parce que... parce que... M. Armand est parti...

MARTHE.

Est-elle fine !

MADAME BOUVENOT.

Plaît-il ?...

EMMELINE, bas à sa sœur.

Ça y est...

MARTHE, même jeu.

Mais M. Théophile ?...

EMMELINE.

Attends donc !

MADAME BOUVENOT, avec intention.

Et... votre sœur ?... Emmeline.

EMMELINE, appuyant.

On ne peut pas l'agrafer non plus, maman...

MADAME BOUVENOT, à part, pendant que les deux jeunes filles finissent d'agrafer leurs robes.

Ça me passe... Eh quoi ?... ces deux adultes auraient en si peu de temps ravagé le cœur de mes deux enfants ?

MARTHE.

Est-ce que vous êtes fâchée, maman ?...

EMMELINE.

Est-ce que vous êtes fâchée ?

MADAME BOUVENOT, maîtrisant son émotion.

Non... non, mes petits anges !... (A part.) Après tout, je ne puis me faire illusion !... Elles sont déjà du bois dont on fait les épouses. (De son ton naturel.) Avez-vous mis vos pantalons ?

MARTHE et EMMELINE.

Oui, maman.

MADAME BOUVENOT, avec une grande émotion.

Chères petites bichettes !

EMMELINE.

Maman, tu es émue.

MARTHE.

On dirait que tu pleures.

MADAME BOUVENOT, douloureusement.

Hélas ! chères petites, c'est ce que je pense !... (A Marthe.) Boutonne tes manchettes... (Continuant.) Il y a de bons maris, c'est vrai... mais il y a joliment du déchet, allez !... Et croyez-moi, croyez-en votre bonne mère, le mariage a bien des épines.

EMMELINE.

Tout le monde se marie, maman, et on n'en meurt pas.

MARTHE.

Certainement... il faut que tout le monde y passe...

MADAME BOUVENOT, à part.

Elles me déchirent le cœur... (Prenant son parti.) Enfin, qu'est-ce que vous voulez ?... puisqu'il faut que ce soit comme cela !... (Haut.) Souvenez-vous bien du moins... (Changeant de ton.) Venez ici toutes deux.

MARTHE et EMMELINE.

Nous voilà, maman.

MADAME BOUVENOT, assise entre ses deux filles qui sont debout.

N'oubliez jamais les sages préceptes que j'ai tâché de vous inculquer dès l'enfance... Songez qu'entre une femme qui est honnête et une femme qui ne l'est pas, il y a tout un abîme, et que la femme mariée qui se respecte ne se conduit pas de la même façon que celle qui ne se respecte pas.

MARTHE et EMMELINE.

Oui, maman.

MADAME BOUVENOT.

Soyez indulgentes envers vos maris, et pour un oui, pour un

non, ne leur jetez pas des chandeliers à la tête ; vous donneriez au monde une fâcheuse idée de votre caractère. N'imitez pas vos époux dans ce qu'ils auront de défectueux, et si, par malheur, ils fêtent quelquefois Bacchus, ne vous croyez pas autorisées pour cela à vous couronner de pampres. Une femme légitime qui va de travers est presque toujours vue d'un mauvais œil dans la bonne société. Vous entendez ? maintenant, apportez-moi vos chapeaux et venez que je vous coiffe.

MARTHE et EMMELINE.

Oui, maman ! (On carillonne dehors.)

MARTHE.

Quelqu'un !...

EMMELINE.

Ces messieurs, peut-être ?

MARTHE.

Et moi qui ai mes cheveux dans le dos.

EMMELINE.

Je ne suis pas coiffée non plus.

ENSEMBLE.

Sauvons-nous !... (Elles sortent vivement par la droite premier plan.

SCÈNE III

MADAME BOUVENOT, puis MOULINIER et BOUVENOT.

MADAME BOUVENOT, suivant ses filles des yeux.

Ce sont des anges ! ce sont des anges ! pourvu qu'elles soient heureuses !... je m'entendrai avec M. Bouvenot. (Elles suit ses filles. Moulinier et Bouvenot entrent précipitamment. Ils sont fort rouges et tout en désordre. Moulinier a toujours à la main le turban de zouave.)

BOUVENOT, d'une voix altérée.

Nous venons de la rue Louis-le-Grand. On a dit au commissionnaire que madame Bouvenot était encore ici... le misérable a eu de la conscience, et il a remporté la lettre.

MOULINIER, à part, plongé dans ses réflexions.

Qu'est-ce qu'une honnête ouvrière en dentelles peut bien faire d'un turban de zouave ?

BOUVENOT, avec désespoir.

Et il va l'apporter ici le scélérat !

MADAME BOUVENOT, rentrant.

M. Bouvenot !

BOUVENOT, de même.

Ma femme !

MADAME BOUVENOT, à demi-voix.

Je vous attendais, monsieur Bouvenot, il y a du nouveau ici...

BOUVENOT, tremblant.

Ah ! vraiment ?

MADAME BOUVENOT.

Oui, monsieur, et même une explication entre nous est nécessaire.

BOUVENOT.

Nécessaire ?...

MADAME BOUVENOT.

Je dirai même indispensable.

BOUVENOT, très-ému.

Indispensable ?... Ah ! mon Dieu !

MADAME BOUVENOT, lui serrant la main.

C'est grave, monsieur Bouvenot !... très-grave...

BOUVENOT.

Je suis fusillé... (Lui échappant et courant à Moulinier, bas.) Mon ami, elle a la lettre !

MOULINIER, absorbé.

Pourquoi un turban de zouave se trouve-t-il entre les mains d'une honnête ouvrière en dentelles?

MADAME BOUVENOT, l'agrippant de nouveau.

Mais venez donc, monsieur Bouvenot! il est inutile que l'on entende ce que j'ai à vous dire...

BOUVENOT, à part.

L'orage va éclater!...

MADAME BOUVENOT, bas.

Monsieur Bouvenot! le cœur de vos petites filles a parlé.

BOUVENOT.

Hein?...

MADAME BOUVENOT.

Je n'en puis plus douter... elles en tiennent pour ces deux petits bons hommes!

BOUVENOT, faisant un bond de joie, à part.

Sauvé!... elle n'a rien reçu.. (Il lui échappe encore; bas à Moulinier.) Elle n'a rien reçu!...

MADAME BOUVENOT, stupéfaite.

Qu'est-ce qui lui prend donc?...

BOUVENOT, avec terreur, à part.

Elle n'a rien reçu, c'est vrai!... mais d'un moment à l'autre peut-être... Oh! cet Auvergnat!... si je pouvais aposter des assassins sur sa route!

MADAME BOUVENOT, qui suit avec anxiété tous ses mouvements.

Monsieur Bouvenot, vous me faites peur! ne m'avez-vous pas comprise?...

BOUVENOT, les yeux toujours fixés sur les portes d'entrée.

Si fait, parfaitement! parfaitement!..

SCÈNE IV

LES MÊMES, VICTOIRE, puis LE PÈRE ÉLOI.

VICTOIRE, entrant un papier à la main.

On vient d'apporter...

BOUVENOT, avec un bond de chacal.

C'est pour moi... (Il lui arrache ce qu'elle tient à la main.)

VICTOIRE.

Mais non, monsieur, c'est la quittance du *Petit Journal*...

BOUVENOT, à part.

C'est ma foi vrai !

MOULINIER, à lui-même, frappant sur le turban.

Si encore c'était une botte Louis XIII... sous Louis XIII, on mettait des dentelles aux bottes; mais un turban de zouave!... (Il jette le turban avec colère.)

MADAME BOUVENOT, bas à Moulinier.

Mais qu'a donc mon mari, monsieur Moulinier? y comprenez-vous quelque chose?...

MOULINIER, toujours à son idée fixe.

Je n'y comprends rien du tout!... Car je connais l'uniforme!... veste à manches, pantalon maure, turban et calotte rouges, guêtres en peau, giberne turque, mais pas de dentelles.

MADAME BOUVENOT, à part.

Ils sont devenus fous tous les deux...

MOULINIER, continuant.

Pas même pour les officiers!

SCÈNE V

LES MÊMES, VICTOIRE, suivie d'un commissionnaire.

VICTOIRE, entrant.

Par ici, mon brave homme, par ici. (Entre un commissionnaire.)

BOUVENOT, avec un cri.

Mon Banquo à plaque!...

VICTOIRE, désignant madame Bouvenot.

Voilà votre dame.

MOULINIER, à part.

Ah! nom d'un pantin... le commissionnaire! mon turban me l'avait fait oublier...

LE COMMISSIONNAIRE, fouillant dans sa poche et en tirant une lettre.

Madame, j'ai reçu vingt francs pour apporter cette...

BOUVENOT, s'élançant encore et lui arrachant la lettre.

Donne... (A part.) Je la tiens!..

LE COMMISSIONNAIRE, amenant une autre lettre.

Non!... ça, c'est un prospectus... voilà la lettre, madame... (Il la remet à madame Bouvenot et sort avec Victoire.)

MOULINIER, à part.

Saprenom!

BOUVENOT, à part.

Je flageole!...

MOULINIER, se frappant le front.

Ah! une idée!... (Bas à Bouvenot.) Sois jaloux!

MADAME BOUVENOT, se disposant à ouvrir la lettre.

Qui donc peut m'écrire?

MOULINIER, soufflant Bouvenot.

Feignez donc de l'ignorer, madame...

BOUVENOT, avec un éclair d'intelligence, à part.

Ah! bon... (Répétant.) Feignez donc de l'ignorer, madame.

MADAME BOUVENOT, s'arrêtant.

Plaît-il?... vous dites?...

MOULINIER et BOUVENOT, en même temps, l'un soufflant, l'autre répétant.

On sait bien qu'il n'y a qu'un amant capable de semer ainsi l'or à pleines mains...

MADAME BOUVENOT, avec un cri d'indignation.

Juste ciel!... Il doute de ma vertu! ô ma mère!

MOULINIER, s'élançant vers madame Bouvenot.

Mon Dieu!

BOUVENOT, tremblant, à part.

Elle va m'assommer!

MOULINIER, prenant madame Bouvenot dans ses bras.

Bouvenot, tu as tué ta femme...

MADAME BOUVENOT.

Oui, monsieur, il m'a tuée.

BOUVENOT, bas à Moulinier.

C'est égal! tiens-la bien tout de même.

MADAME BOUVENOT, gesticulant.

Ah! le monstre!

MOULINIER, tenant madame Bouvenot d'un bras et de l'autre bras paralysant la main qui tient la lettre.

Pauvre femme! Dans quel état!... Elle pâlit!... Elle chancelle!...

MADAME BOUVENOT, avec des mouvements qui enlèvent chaque fois Moulinier de terre.

Me soupçonner! moi! une demoiselle Chaudoreille!

MOULINIER, même jeu.

Sa main tremblante ne peut plus retenir cette fatale lettre... (La tendant de force à Bouvenot avec intention.) Mais songe-s-y, Bouvenot...

MADAME BOUVENOT.

Moi, sa compagne !...

MOULINIER.

Si tu profitais de sa faiblesse pour la lui arracher... (Avec des signes non équivoques.) Ce serait une insigne lâcheté... (Bouvenot, imbécile tout à fait, ne bouge pas. Moulinier bas.) Prends donc la lettre, animal.

BOUVENOT, éclairé à part.

Ah!... (Se précipitant sur la lettre et s'en emparant.) J'ai compris!

MADAME BOUVENOT.

Ah! (Elle veut reprendre la lettre.)

MOULINIER, jouant l'indignation.

Ah! c'est infâme!... mais du moins, tu ne la liras pas, je ne veux pas que tu te déshonores. (Il s'empare à son tour de la lettre, la déchire et met les morceaux dans sa poche.)

MADAME BOUVENOT.

Me soupçonner?... moi!... moi!... (Avec douleur.) O Achille! Achille!... (Changeant de ton.) Vous êtes un polisson! (Elle sort précipitamment.)

SCÈNE VI

BOUVENOT, MOULINIER.

BOUVENOT, s'essuyant le front.

Ah! mon ami, me voilà donc enfin délivré de cet enfant de Damoclès !

MOULINIER, avec émotion.

C'est égal, quand je pense à tout ce que tu m'as dit... Car enfin, il n'en existe pas moins, cet enfant que tu as abandonné; car tu l'as abandonné...

BOUVENOT, *tranquillement.*

Oui, mon ami, je l'ai abandonné.

MOULINIER.

Ainsi que sa mère ?...

BOUVENOT, *de même.*

Ainsi que sa mère !

MOULINIER.

La pauvre Thérèse Bernard !... C'est Thérèse Bernard qu'elle s'appelait, n'est-ce pas ?

BOUVENOT.

Thérèse Bernard, oui, mon ami... Elle travaillait dans les gilets de flanelle...

MOULINIER, *lui serrant la main.*

Et tu n'as jamais de remords !

BOUVENOT.

Si, quelquefois !

MOULINIER, *avec une ironie amère.*

Oui, quand le temps change !...

BOUVENOT.

Qu'est-ce que tu veux... Cet enfant est venu dans de mauvaises conditions... C'est sa faute !... S'il m'était né d'un légitime mariage, jamais je ne l'aurais abandonné. Mais Athalie ne revient pas... et je ne suis pas sans inquiétudes... J'ai envie d'aller voir...

MOULINIER.

Attends !... voici mes neveux !

SCÈNE VII

LES MÊMES, ARMAND et THÉOPHILE.

ARMAND.

Ah ! monsieur Bouvenot... Vous êtes encore ici ? Le ciel en soit loué, car nous avons un aveu à vous faire.

THÉOPHILE.

Et nous pourrons vous couler ça tout de suite en douceur...

BOUVENOT.

Vous ne voulez pas vous marier, n'est-ce pas ? C'est très-bien... nous nous entendons parfaitement... (A part.) Je n'y tiens plus... je vole près d'Athalie... (Il sort.)

MOULINIER.

Non, non, ce n'est pas possible, gamins que vous êtes... vous ne briserez pas ainsi des projets que j'ai caressés... il n'y a pas de raison pour cela...

ARMAND.

Pardonnez-nous, mon oncle, il y en a de puissantes, au contraire... C'est un cas de conscience... Je ne puis abandonner Léontine.

MOULINIER.

Pourquoi ça ?

ARMAND.

Parce que je ne veux pas qu'elle tourne mal.

MOULINIER.

Hein ?...

ARMAND.

Aujourd'hui, elle est sage, honnête, parce qu'elle s'appuie sur mon amour ; mais que ce soutien lui manque, et demain, elle roulera de nouveau dans le précipice...

MOULINIER.

En fermant les yeux, toujours...

ARMAND.

Et cette fois, la chute sera terrible...

MOULINIER, haussant les épaules.

Ah! mon Dieu!... mon Dieu!... (A Théophile.) Et toi... est-ce aussi ce motif là qui...

THÉOPHILE.

Oh! non, mon oncle... Je ne me mets pas le doigt dans l'œil; je ne compte pas sur mon amour pour l'arrêter sur la pente. . Quand elle a envie de dégringoler, il faut qu'elle dégringole!... si elle devient fidèle, ça ne sera qu'à la longue... Je ne compte que sur le temps... mais je suis jeune, j'attendrai.

MOULINIER, furieux.

Vous êtes deux idiots!...

SCÈNE VIII

LES MÊMES, VICTOIRE, et aussitôt MAROCAIN.

VICTOIRE, à Moulinier.

Monsieur, c'est un chasseur qui désirerait parler à M. Armand!

ARMAND.

Marocain!

MOULINIER.

Encore ce stipendié! le satellite de cette courtisane... Toi, dans mon cottage!

MAROCAIN, qui est entré gravement.

Monsieur, ne portez pas sur moi un jugement ténébreux!... Je ne suis plus au service... (Avec dédain.) de cette hétaïre; j'ai mes douze cents francs sur le grand-livre, et je vais revoir mon clocher... mais... (Avec sentiment.) avant de partir, je voudrais laisser çà et là, derrière moi, quelques bénédictions.

MOULINIER, à part.

Que veut dire cet imbécile?...

MAROCAIN, à Armand d'un ton de compassion douce.

Voyez-vous, monsieur Armand, je puis vous le dire à cette heure... Votre mademoiselle Léontine Crochard...

ARMAND.

Eh bien?

MAROCAIN, avec calme.

C'est tout simplement ce que nous appelons une vertu dans les prix doux. (Mouvement d'Armand pour s'élancer sur Marocain. Moulinier le retient énergiquement.)

ARMAND, se débattant.

Lâchez-moi, mon oncle...

MAROCAIN.

Le Russe, vous savez bien?... Le Russe d'Odessa... (Avec sa voix du deuxième acte.) Ma chère je vous prie!... Choisissez entre nous *donc déjà* ..

ARMAND.

Eh bien!...

MAROCAIN, souriant.

Le Russe, c'était moi...

ARMAND.

Toi!...

MAROCAIN.

Et les diamants, monsieur? Les fameux diamants?... savez-vous où ils étaient?

MOULINIER.

Dans l'armoire?

MAROCAIN.

Parfaitement!

ARMAND.

Mais elle m'en offrait la clef?

MAROCAIN.

Parce qu'elle vous savait bien trop bête pour la prendre...

ARMAND.

Drôle !

MAROCAIN.

Je vous dois toute la vérité, monsieur.

THÉOPHILE, à part.

Oh ! peut-on aimer des femmes comme ça....

MOULINIER.

Continue... continue !...

MAROCAIN.

Savez-vous où elle est allée, en vous quittant, votre Léontine ?...

ARMAND.

Parle... Je veux tout savoir ?

MAROCAIN.

Elle est allée chez Leblond, au pavillon d'Armenonville, en compagnie d'un grand brun qui descend de Fernand Cortez...

THÉOPHILE.

Fernand Cortez !

MAROCAIN.

A ce qu'il dit... c'est comme le caïman, elle part demain pour Constantine... Lisez le *Moniteur de l'armée.*

THÉOPHILE.

Odette ! elle part !

ARMAND, avec désespoir.

A qui donc se fier désormais !... (Il tombe dans un fauteuil.)

MOULINIER, prenant la balle au bond.

A qui ?... Je vais te le dire... (A Marocain.) Mon ami, allez à l'office, et vous reviendrez tout à l'heure me dire adieu ; vous direz qu'on vous donne une bouteille de mon vin de quarante-six, allez. (Fouillant dans ses poches.) Ah ! attends... tiens... prends... (Il lui tend un louis.)

MAROCAIN, dans l'attitude d'une noble fierté.

Gardez votre or, monsieur... J'ai douze cents francs de rente... Je ne me vends plus !... (Il sort d'un air solennel par la droite, premier plan.)

SCÈNE IX

MOULINIER, ARMAND, THÉOPHILE.

MOULINIER, courant à Armand.

A qui se fier désormais, disais-tu ?... au mariage !... il n'y a que ça au monde !... un intérieur paisible !... Des enfants tapageurs !... une épouse chaste et des repas réglés... voilà le bonheur ! voilà le vrai bonheur !...

ARMAND.

Oh ! mon Dieu !... mon oncle, faites de moi ce que vous voudrez. Je n'aime plus, je ne peux plus aimer, je suis mûr pour le mariage.

THÉOPHILE.

Moi aussi, je suis mûr. Je méprise Odette...

MOULINIER.

C'est tout ce qu'il faut !... Les petites Bouvenot ! tâchez de trouver un cri du cœur, un élan de l'âme...

THÉOPHILE.

Des frais ?... Ah ! bien non, il n'en faut pas. (Entrent Marthe et Emmeline.)

SCÈNE X

LES MÊMES, MARTHE, EMMELINE.

EMMELINE.

Ciel ! monsieur Armand !

MARTHE.

Ciel ! monsieur Théophile !... (Elle restent interdites sans oser faire un pas.)

MOULINIER.

Quelle pudeur !... voilà des femmes !...

THÉOPHILE.

Elles sont un petit peu bécasses !

MOULINIER.

Veux-tu te taire !... Voyons, Armand, parle, toi !... Ah çà ! veux-tu parler, nom d'un pantin !...

ARMAND et THÉOPHILE, ensemble saluant.

Mademoiselle.

MARTHE et EMMELINE, avec une grande révérence.

Monsieur !

MOULINIER, à part.

La glace est rompue !... voilà... ça y est...

THÉOPHILE, à Marthe.

Ah ça ! vous avez donc été trempée ?...

MARTHE.

Oh ! oui... il pleuvait joliment.

MOULINIER, bas à Théophile.

Laisse parler ton frère !

THÉOPHILE.

Mais puisqu'il ne va pas !...

MOULINIER.

Ah ! c'est à se manger les poings !

ARMAND, qui a pris une résolution.

Mademoiselle...

EMMELINE.

Monsieur !

THÉOPHILE, à Marthe.

Mademoiselle, nous causerons tout à l'heure; mon frère est l'aîné! c'est lui qui étrenne.

MOULINIER.

Pourvu qu'il ne dise pas de bêtises!... (Il passe près d'Armand, bas.) Ne dis pas de bêtises... le moins possible...

ARMAND.

Mademoiselle, le mariage est une institution dont les peuples les plus anciens ont reconnu l'utilité.

MOULINIER, bas.

Bien!... tu as la note... c'est ça... tu y es...

ARMAND.

Ouvrez l'histoire, mademoiselle... que voyez-vous?... Le mariage, partout le mariage...

MOULINIER, à part.

Très-bien.

ARMAND.

Voyez les Romains.

EMMELINE, baissant les yeux.

Oui, monsieur!

MOULINIER, à part.

Ah çà! est-ce qu'il va faire une conférence?

ARMAND.

Quelle est la première pensée de ces hommes incultes?... Le mariage. Que font-ils? ils enlèvent les Sabines.

MOULINIER, le tirant par le pan de son habit.

Prends garde! prends-garde!

THÉOPHILE, à Marthe.

C'est les Sabins qui devaient faire un nez...

MARTHE, qui ne comprend pas.

Oui, monsieur!

MOULINIER, courant à Théophile.

Tais-toi ! tais-toi !

THÉOPHILE.

C'est pour laisser reposer mon frère...

MOULINIER.

Mais il n'est pas fatigué ! Ah ! les gredins...

THÉOPHILE.

L'enlèvement des Sabines... vous croyez donc qu'elle ne sait pas ça...

MOULINIER, repassant près d'Armand.

C'est possible... mais toi, arrive à la demande... arrive-s-y...

ARMAND.

Enfin, mademoiselle, le mariage est une convention sociale, indispensable...

THÉOPHILE.

Seulement, en Prusse, il y a le divorce...

MOULINIER, bondissant; il recourt à Théophile.

Veux-tu te taire ?

THÉOPHILE, se tournant vers Marthe.

Et on peut se remarier avec un autre...

MOULINIER.

Mais tu veux donc me rendre fou ? (Marthe a ouvert le piano et joue un motif de valse.)

THÉOPHILE, à part.

Oh ! une jeune fille à piano !... Bonsoir !

MOULINIER, à son oreille.

Si tu t'en vas, je te brûle la cervelle !

ARMAND, à Emmeline.

Dans cette association de deux êtres qui la plupart du temps se connaissent à peine, l'amour n'existe pas...

MOULINIER.

Mais si ! mais si ! il se trompe !

ARMAND.

Mais si l'amour est inutile, encore faut-il au moins ne pas se déplaire. Regardez-moi donc, et parlez sans crainte...

THÉOPHILE, écoutant Marthe.

Elle ne tapote pas mal !

MOULINIER.

Bravo ! bravo !... C'est une valse...

THÉOPHILE.

C'est à Mabille, qu'on en joue de jolies !.. (A Marthe.) Connaissez-vous Olivier Métra ?...

MOULINIER.

Mais non !... elle ne le connait pas !

ARMAND.

Si je vous déplais, dites-le ; regardez-moi donc bien.

EMMELINE.

Oh ! c'est inutile... je vous connais. . je vous ai bien regardé aux vacances de Pâques...

MOULINIER, à Armand.

Voyons, est-elle adorable, hein ?...

EMMELINE, à Moulinier.

Et je me suis si bien rappelé ses traits qu'en rentrant à la pension... j'ai fait le portrait de M. Armand...

ARMAND.

Mon portrait !

THÉOPHILE et MOULINIER.

Son portrait !..

EMMELINE.

Il est là, dans mon carton...

MOULINIER.

Montrez-nous-le, montrez-nous-le!... (Marthe interrompt sa valse et apporte le carton.)

EMMELINE.

Seulement, pour que la sous-maîtresse ne me le confisque pas, j'ai dessiné M. Armand en gladiateur.

MOULINIER, à Armand.

Elle t'a fait en gladiateur! (Serrant Emmeline dans ses bras.) Tu seras ma nièce, toi!

MARTHE, tirant le portrait du carton.

Le voilà! (Elle montre le dessin, qui représente Armand avec un casque, tenant un glaive et dans une pose héroïque.)

ARMAND.

Ciel!

MOULINIER.

Frappant! c'est-à-dire que c'est frappant.

THÉOPHILE.

Oh! cristi! oui!... on dirait une charge.

MOULINIER.

C'est du Michel-Ange! c'est plus fort que Michel-Ange! Michel-Ange n'aurait pas fait des jambes comme ça! Il ne savait pas faire les jambes.

ARMAND.

Elle m'aimait depuis les vacances de Pâques!...

THÉOPHILE, à Marthe.

Est-ce que vous ne dessinez pas, vous?

MARTHE.

Non... mais la valse que j'ai jouée est de moi... je l'ai appelée e *Volubilis!...*

EMMELINE.

Et ma sœur l'a dédiée à monsieur Théophile.

THÉOPHILE.

A moi ! Elle est bonne !

MOULINIER.

Elle a composé une valse !...

MARTHE.

Oui, monsieur... en sol.

MOULINIER.

En sol !... Mais c'est admirable !... Toi en sol, toi en gladiateur !... Ah !... vous serez mes deux nièces !... Dans mes bras !... (Embrassant Emmeline.) Tiens ! tiens, toi !... (Embrassant Marthe.) Tiens aussi, toi, tiens ! .. Allez, anges du foyer, allez bien vite dire à Bouvenot, que demain nous publions les bans à cinq heures du matin.

MARTHE et EMMELINE.

Quel bonheur ! Quel bonheur !... (Elles sortent en courant.)

SCENE XI

MOULINIER, ARMAND, THÉOPHILE.

ARMAND.

Elle a fait mon portrait !

THÉOPHILE.

Elle m'a dédié le *Volubilis !*

MOULINIER.

Ah ! ce n'est pas mademoiselle Crochard qui aurait de ces délicatesses-là !

ARMAND.

Oui, vous aviez raison, mon oncle, le bonheur est là, dans un tête-à-tête plein de douces causeries, d'utiles conseils : « Fais ceci, fais cela... Méfie-toi de ton ami un tel... C'est un coquin. » Ah ! c'est le bonheur... Tous réunis autour de vous, mon oncle, vous aimant, apprenant à nos chers enfants à balbutier votre nom.

THÉOPHILE, assis.

Et rien à faire, qu'à boire et à manger.

ARMAND.

Disant en vous montrant à ces frêles créatures : « Chers enfants, regardez ce vieillard... Gravez ses traits dans votre mémoire, afin de vous le rappeler demain quand il ne sera plus.

MOULINIER, ennuyé.

Très-bien! voilà qu'il me tue tout à fait!...

ARMAND.

Oui, c'était le bonheur. . Eh bien! il n'est pas fait pour nous.

MOULINIER.

Hein!...

THÉOPHILE.

Mais puisque nous plaisons!...

ARMAND.

Apporter à ces suaves créatures des âmes ravagées comme les nôtres!... Nous, les démons, conduire ces anges à l'autel... Allons donc!... Jamais!... Ce mariage est impossible. Adieu!... (Il sort précipitamment.)

THÉOPHILE, se levant.

Armand!

MOULINIER.

Allons, bon !... voilà une autre gamme!

THÉOPHILE.

Mais dites donc, s'il n'épouse pas, moi, j'épouse tout de même... Elle me va assez, la petite!

MOULINIER.

Mais, malheureux, on ne les marie pas l'une sans l'autre. Il faut prendre la paire, ou rien du tout!...

THÉOPHILE.

Ah! sapristi! Hé!... Armand! Armand! pas de bêtises!... Il faut prendre la paire. (Il sort en courant.)

SCÈNE XII

MOULINIER, BOUVENOT, puis MAROCAIN.

MOULINIER.

C'est-à-dire que je n'en sortirai pas!

BOUVENOT, entrant par la droite ; il est très-pâle.

Ah! mon ami!

MOULINIER.

Bouvenot!...

BOUVENOT.

Mon ami, ma femme sanglote...

MOULINIER.

Figure-toi que mes neveux...

BOUVENOT.

Elle s'est enfermée à double tour... J'ai collé mon oreille à la serrure et j'ai entendu... « Ah! le misérable! » c'est de moi qu'elle parlait... évidemment.

MOULINIER.

Tu l'as froissée... Il y a comme ça des natures délicates... Tiens, Jenny par exemple...

BOUVENOT.

Qui ça, Jenny?

MOULINIER.

Ma petite ouvrière!

BOUVENOT.

Laisse-moi donc tranquille! Quand je te parle de ma femme, tu vas me chercher ta grisette... Tu n'es pas raisonnable!

MOULINIER, vexé.

Ma grisette! ma grisette... Est-ce ma faute, à moi, si tu as des enfants partout!

BOUVENOT.

Silence! on vient!... Tiens, le chasseur!

MAROCAIN, entrant.

Il me reste à vous remercier, monsieur... Ah! votre Saint-Julien est au poste.

MOULINIER.

C'est moi qui te remercie... tu as fait ton devoir... (A Bouvenot.) Il a éclairé mes neveux sur le compte de tous les Crochard de France, d'Algérie et de Navarre. (Lui frappant sur l'épaule.) Tu es un honnête homme...

MAROCAIN.

Ah! je les connais si bien... je peux dire que comme bureau de renseignements...

MOULINIER, riant.

Ah! tu en sais de bonnes, hein?

BOUVENOT.

Elles sont si fortes... ces Athéniennes!...

MOULINIER.

Et les Athéniens sont si bêtes!

MAROCAIN.

Monsieur, ce qu'ils sont bêtes, c'est inimaginable! Tenez, en ce moment nous possédons à Paris un bourgeois naïf... quel type! ah!

MOULINIER, riant.

Bah! conte-nous donc ça... je suis content quand je vois un imbécile bien fourré dedans!... ça me fait rire!

BOUVENOT.

Moi aussi, ça m'amuse. Pourtant, je suis bien ennuyé.

MOULINIER, frappant sur l'épaule de Marocain.

Va donc!

MAROCAIN.

On en ferait un vaudeville que je vous dis. Le théâtre représente la rue Saint-Denis... Personnages : le bourgeois naïf... une jeune fille passe... « Voulez-vous accepter mon bras? » Comme dans *le Brésilien*... « Monsieur, pour qui me prenez-vous?... Je suis une honnête ouvrière. — Peut-on aller vous voir? — Oui, parce que vous ressemblez à ma mère! — Où demeurez-vous? — Telle rue, tel numéro. — Fin du premier acte! »

MOULINIER.

Ah! mon Dieu!

BOUVENOT, bas.

Ah çà! dis donc, c'est ton anecdote de ce matin.

MOULINIER.

Mais pas du tout. D'abord, il ne sait pas la rue de l'ouvrière. (A Marocain.) Tu ne sais pas la rue de l'ouvrière?

MAROCAIN.

Si, monsieur, mais je la garde pour le second acte... Second acte, rue de la Pépinière...

MOULINIER.

Ciel!

BOUVENOT, bas.

Mais c'est elle!

MAROCAIN.

Jenny raccommode la dentelle. Le bourgeois respectueux!... carottes de la jeune fille. Pots de fleurs, capucines... La toile tombe.

MOULINIER.

Mais il n'y a pas d'air ici!

BOUVENOT.

Est-ce que tu vas te trouver mal?

MOULINIER.

Fiche-moi la paix, toi! (Il va prendre une carafe, met de l'eau sur son mouchoir et se mouille le front.)

BOUVENOT, pouffant de rire dans son mouchoir.

Elle est toujours amusante.

MOULINIER, à Marocain.

Continue, toi... qu'est-ce qu'elle est donc cette Jenny?

MAROCAIN.

Femme de chambre chez madame. Elle s'appelle Blanchette... madame la laisse sortir dans l'après-midi... ou le soir... pour prendre le *serin*...

BOUVENOT, pouffant toujours.

Ce pauvre Moulinier!... Ah! j'étouffe.

MOULINIER, assis.

C'est à ne plus croire à rien!

MAROCAIN, continuant avec Bouvenot.

Elle se dit le fruit d'une faute... mais, monsieur, les vrais fruits ne le disent pas... ainsi, moi, je suis le résultat d'une faute... Eh bien, est-ce que je vais dire au premier venu : « Je suis le fils de l'infortunée Thérèse Bernard. » Jamais de la vie!

BOUVENOT, étourdi.

Hein?

MOULINIER, se levant.

Ah bah!

BOUVENOT.

Mais ça ne finira donc pas!...

MOULINIER.

Ah! sapristi, il fallait ça pour me remettre... (Frappant joyeusement sur l'épaule de Bouvenot.) Mon bon Bouvenot, va...

BOUVENOT, chancelant à son tour.

C'est vrai qu'on manque d'air ici!

MAROCAIN.

Monsieur est indisposé?

BOUVENOT, avec colère.

Non... ça va bien!... (Il va à son tour prendre la carafe de Moulinier et exécute le même jeu avec son mouchoir.)

MAROCAIN.

Alors, il ne me reste qu'à prendre congé de ces messieurs... (Fausse sortie.)

MOULINIER.

Où vas-tu?

MAROCAIN.

Je retourne au village. (Avec poésie.) Oh! le clocher!... la passerelle en planches!...

MOULINIER.

Attends. . (A Bouvenot, bas.) Bouvenot, est-ce que ton cœur n'a pas battu?

BOUVENOT.

Non!... je ne trouve pas qu'il me ressemble.

MOULINIER.

C'est ton portrait vivant. . voyons, sacrebleu, il faut que ton fils ait une position...

BOUVENOT, désespéré.

Ah! tu vas recommencer.

MOULINIER.

Ce secret restera entre nous deux... mais le devoir avant tout... (A Marocain.) Avance ici... tu entres dans le commerce, chez Barbedienne. . fabricant de bronze, boulevard Poissonnière, deux mille quatre cents francs d'appointements... logé... nourri... ôte ta casquette... (Il lui enlève sa casquette.)

MAROCAIN.

Moi!...

MOULINIER.

Et n'oublie pas que si des circonstances impérieuses ont forcé ton père à négliger ton berceau... (A Bouvenot.) C'est à toi ce pardessus là? (Il prend le paletot que Bouvenot a apporté sur son bras et en revêt Marocain.) Tiens! mets ça... n'oublie pas que ton père est un honnête homme... et qu'il veille sur toi... comme une mère!...

MAROCAIN, orné du pardessus.

Mais il me va!...

MOULINIER.

Barbedienne est mon ami; demain, tu te présentes chez lui, avec une lettre de moi... (Comme frappé d'une inspiration.) Ah!... attends... (A Bouvenot.) Donne-moi ta chaîne et ta montre.

BOUVENOT.

Moi!

MOULINIER.

Donne donc... (Il les prend et revient à Marocain.) Il faut inspirer la confiance, ces bijoux sont à toi!

MAROCAIN.

A moi!

BOUVENOT.

Ah çà, dis donc!...

MOULINIER, à Marocain.

Et ne maudis pas ta mère... tu n'en as pas le droit!

MAROCAIN.

Oh! je ne lui en veux pas... la pauvre femme! Elle est assez à plaindre... vous comprenez, quand on est borgne de naissance.

BOUVENOT, se levant.

Qui ça, borgne?...

MAROCAIN.

Ma mère! oh! d'un œil seulement... le gauche... celui dont on a le moins besoin... heureusement.

BOUVENOT, à part.

Mais ce n'est pas elle! (Haut à Marocain.) Mon ami, réponds... A l'époque de ta naissance ta mère habitait la rue Portefoin?

MAROCAIN.

Non, non... Elle n'est jamais sortie de Nanterre.. Rosière en 1832. . En 1833, il passe dans le pays un commis-voyageur pour les brosses à dents... il dit comme ça à ma mère : « Croyez-vous que je fasse des affaires dans ce pays-ci?... » Ma mère lui dit : « Oh! je ne crois pas. . c'est pas un pays pour ces choses-là. » — « Ça m'est égal, qu'il répond, je viens en passant. » Un an après, elle était mère.

BOUVENOT, se précipitant sur lui.

Rends-moi ma chaîne!... (Il la lui arrache.)

MOULINIER.

Rends-lui son pardessus!... (Il le lui ôte.)

MAROCAIN.

Mais ils sont fous! voulez-vous me lâcher!...

MOULINIER, lui enfonçant sa casquette sur la tête.

Tiens, voilà ton chapeau... va-t'en!...

BOUVENOT.

File, intrigant...

MAROCAIN.

Eh ben, et ma place chez Barbedienne?

MOULINIER.

On n'est pas nourri, tu ne fais pas l'affaire.

MAROCAIN.

Mais je suis à Charenton!

MOULINIER.

Va-t'en!...

BOUVENOT.

Oui... tu nous ennuies, maintenant.

SCÈNE XIII

LES MÊMES, THÉOPHILE, puis MARTHE et EMMELINE.

(Armand et Théophile paraissent au fond. Ils sont habillés sévèrement et gantés de blanc.)

MOULINIER.

Mes neveux!...

BOUVENOT.

Les petits Goulu !

MOULINIER, joyeux.

Habit noir, cravate blanche. Ils viennent faire leur demande.

ARMAND.

Monsieur Bouvenot, il est un temps pour la folie, et nous avons agité ses grelots... Le simoun a soufflé, le ciel est redevenu limpide... Nous avons l'honneur de vous demander les mains de mesdemoiselles Marthe et Emmeline, vous promettant de les rendre heureuses.

THÉOPHILE.

Oui, nous serons bien sages. (Les jeunes filles reparaissent à gauche.)

MOULINIER.

Voyons, Bouvenot, tu ne peux pas me refuser, moi, ton vieil ami !...

BOUVENOT.

Jeunes gens, soyez mes deux gendres.

MARTHE et EMMELINE, battant des mains.

Quel bonheur! (Elles se jettent dans les bras de Bouvenot.)

BOUVENOT.

Mais il faut le consentement de votre mère.

MARTHE.

La voilà, papa !

SCÈNE XIV

LES MÊMES, MADAME BOUVENOT.

(Madame Bouvenot paraît, elle est en costume de voyage.)

MADAME BOUVENOT.

Achille ! je pars !

BOUVENOT.

Tu pars !...

MADAME BOUVENOT.

Vous m'avez soupçonnée ! Je me retire dans un couvent.

BOUVENOT.

Toi !

MADAME BOUVENOT.

Ne me tutoyez pas, Achille... je n'appartiens plus à la terre... Je pars pour Grenoble... j'entre aux Chartreux...

BOUVENOT.

Aux Chartreux !

MOULINIER.

Un couvent d'hommes !...

MAROCAIN.

Un monastère à liqueurs !...

BOUVENOT.

Et le mariage de nos filles ?...

MADAME BOUVENOT.

Mes filles !... Je les emmène. La loi me les donne. Je vous laisse les garçons.

BOUVENOT.

Mais nous n'en avons pas.

MADAME BOUVENOT.

A qui la faute, monsieur ?

MOULINIER, cherchant à la débarrasser de ses cartons.

Voyons, madame Bouvenot, c'était un malentendu... Bouvenot était jaloux !... Il a un cœur de feu !

BOUVENOT.

Oui, j'ai un cœur de feu !

MOULINIER.

Pardonnez-lui.

EMMELINE et MARTHE, pleurant.

Oh ! maman ! maman !

MADAME BOUVENOT.

Vous le voulez tous ? Je me sacrifie pour elles, Achille, mais ne me demandez plus d'amour.

MOULINIER, bas à Bouvenot qui rit.

Veinard, va !... Enfin, j'ai marié mes jocrisses.

MAROCAIN.

Les jocrisses de l'amour, monsieur.

MOULINIER.

Dire qu'il y en a quarante mille comme ça... rien qu'à Paris..

MAROCAIN.

Voyez un peu ce que ça fait... avec la province !...

FIN

Imprimerie L. TOINON et Cie, à Saint-Germain.

www.ingramcontent.com/pod-product-compliance
Ingram Content Group UK Ltd.
Pitfield, Milton Keynes, MK11 3LW, UK
UKHW021101260726
13994UKWH00002B/629